3배속
공부법

서울대 의대·치대·공대를 석권한
공부의 신이 알려주는 합격의 절대 법칙

서준석 지음

3배속
공부법

빅피시
BIG FISH

1,500페이지가 넘는 수험서를 어떻게 공부해야 할지 막막했는데, 읽기만 해도 머리에 내용이 입력되는 3회독의 원리를 깨우치고 나니 방대한 시험 범위를 기적처럼 모두 샅샅이 공부할 수 있었습니다. 시험 전날 오답 노트 활용법도 실전에서 큰 도움이 되었습니다. 수험 공부를 하는 모든 분에게 강력 추천합니다.

_ ly***0303

시중에 있는 공부법 책들은 열심히 노력하면 된다, 힘들어도 무조건 참고 버티라는 천편일률적인 얘기뿐이라 도움이 크게 안 되었는데, 이 책은 가장 빠르게 합격할 수 있는 핵심을 콕콕 짚어 설명해주니 정말 좋더라고요. 최단 시간 최대 효율을 내는 이 극강의 공부법, 제 경쟁자들은 영원히 몰랐으면 좋겠습니다.

_ dl**gml

절대 실패하지 않는 수험 계획을 짜는 법부터 1초 만에 정답을 꺼내는 시험 당일 집중력 유지법까지, 서울대를 14년 다니며 응축한 공부 노하우가 버릴 것 하나 없이 빼곡합니다. 이 책을 곁에 두고 계속 읽으며 올해는 반드시 합격할 수 있을 것 같다는 의지를 다지는 중입니다.

_ sil**e14

공부로 인생을 바꿀 수 있냐고 묻는다면, 내 대답은 '반드시 그렇다'이다

나는 서울대에 세 번 들어갔다. 공대, 의대, 치대에 지원해 세 번 다 모두 한 번에 합격하여, 무려 14년을 서울대에서 보냈다. 이런 내 배경을 밝히면 사람들의 반응은 딱 두 가지로 나뉜다. 하나는 '대단하다', 다른 하나는 '시간이 아깝다'.

남들은 한 번 가기도 힘들다는 서울대에 세 번이나 갔으니 대단하다고 하면서도, 굳이 두 번이나 전공을 바꾸는 바람에 시간을 낭비하지 않았냐는 안타까움을 내비친다.

'처음부터 의대나 치대를 갔다면 좋았을 것을 뭘 그리 돌아서 갔느냐', '잘 생각하고 결정하지 왜 무의미하게 공대를 다녔냐'는 얘기를 수없이 많이 들었다. 남들은 대학을 졸업하고 심지어 결혼도 하는 30대 중반까지 줄곧 대학만 다녔으니, 사람들이 이렇게 생각하는 것도 무리는 아니다.

대학교 4학년, 다시 수능을 보기로 결심하다

학창 시절, 나는 공대에 가서 전기공학을 공부하는 게 적성에도 맞고 행복할 거라고 막연하게 생각했다. 나를 제일 잘 아는 부모님의 생각도 마찬가지였다. 하지만 막상 공대에 입학하니 내가 생각했던 것과 현실은 크게 달랐다. 공대에서 확실한 전문성을 가지려면 석박사를 해야 하는데, 내가 과연 끝까지 학문의 길을 걸을 수 있을지 공부를 하면 할수록 회의감이 들었다. 취업을 해서 언제 회사에서 잘릴지 모르는 직장인으로 별다른 의미 없이 돈을 버는 선택지는 더욱 내키지 않았다.

대부분의 사람처럼 '남들도 다 이렇게 사는 걸까?', '이미 대학교 4학년인데 이제 와서 다시 시작하기엔 너무 늦은 거 아닐까?'라고 체념했다면 아마 나는 공대를 졸업해서 하기 싫은 일을 매일 꾸역꾸역 하는 평범한 직장인의 삶을 살고 있었을지도 모른다. 하지만 나는 그렇게 살고 싶지 않았다.

마음속에 폭풍 같은 고민을 품고 있던 대학교 4학년 마지막 학기, 동기들이 취업 준비를 한창 하고 있을 때, 나는 다시 수능을 보기로 결심했다. 사회로 나갈 준비를 하는 동기들을 보며 혼자 다시 원점으로 돌아가는 듯한 막막한 기분이 들기도 했다.

심란한 마음 때문에 공부가 손에 잡히지 않을 때, 스스로에게 외운 주문이 있다. '딱 1시간만 책상에 앉아있자.' 책상에 앉아 펜을 들고 지금 당장 공부하지 않는다면 '나는 어제와 똑같은 나로 살 수밖에 없다'는 생각으로 집중력을 끌어 올렸고, 점차 공부에 탄력이 붙기 시작했다.

그렇게 마음을 먹고 책상 앞에 앉으니, 공부를 하고 있을 때만큼은 불안하거나 조급하지 않았다. 매일 정해진 분량을 차근차근 해나갈 때의 내 기분은 불안에 떨며 벼랑 끝을 걷는 것이 아니었다. 오히려 내 인생의 새로운 문을 열기 위한 계단을 하나씩 밟아가고 있다는 뿌듯함마저 들었다.

더 나아지기 위해서 절대 나를 포기하지 마라

반년이라는 짧은 수험 기간이었지만 인생을 바꾸고 싶다는 절박한 마음에서 나오는 폭발적인 집중력을 극대화해 후회 없이 수능을 치뤘고, 서울대 의대를 한 번에 합격했다.

하지만 합격의 기쁨도 잠시였다. 의대 본과 생활을 하며 레지던트 선배들의 힘들고 고된 병원 생활을 본 순간, 내가 생각했던 행복한 삶과는 큰 괴리가 있다는 것을 알게 되었다.

결국 의사가 평생 직업으로는 맞지 않는다는 생각이 들었고, 남들이 미쳤다고 할지라도 다시 한번 나를 믿어보기로 했다. 다시 치의학 전문대학원에 도전하기 위해 공부를 시작했다.

낮에는 페이닥터로 일하면서 밤늦게까지 공부를 병행한 지 1년 만에 결국 서울대학교 치의학 전문대학원에 입학했고, 4년 뒤 37세의 나이에 치과의사가 되었다.

두 번이나 다시 내 꿈에 도전할 수 있었던 이유는 '더 나은 삶을 살고 싶어서'였다. '더 나은 인생'이 뜬구름 잡는 말처럼 들릴지도 모르겠다. 분명한 것은 지금 이 순간의 내가 만족스럽지 않고 행복하지 않다고 느낄 때마다 나를 위한 최선의 선택을 했다는 사실이다.

행복하지 않은 일을 하면서 30년을 사는 것보다 하고 싶은 일을 하면서 3년을 살고 싶었기에, 지금보다 더 나은 선택지가 있다고 생각이 들면 주저 없이 도전했다. 결국 1년을 살아도 남이 아닌, 내가 살고 싶은 인생을 사는 게 진짜 인생이기 때문이다.

3년 걸릴 시험을 1년 안에 합격하는 법

대학교 4학년 마지막 졸업 학기를 들으며 수능 공부를 했고, 의대를 졸업하고선 낮에는 병원에서 의사로 일하며 밤에는 치의학 대학원 입시를 준비했다. 이렇게 학업과 직장 생활을 병행하며 시험을 준비했기에 시간은 늘 부족했다. 그렇기에 나에게 주어진 시간을 200퍼센트로 활용해 효율적으로 공부해야만 했다.

또 공부량이 어마어마하기로 손꼽히는 의사, 치과의사 국가고시를 우수한 성적으로 한 번에 합격할 수 있었던 것 역시 공부를 위한 공부가 아닌 '합격을 위한 공부'로 수험 생활을 최적화시켰기 때문이다. 무조건 달달 외우고, 엉덩이가 무거운 사람이 합격한다는 것은 장수생들의 큰 착각이다.

이 책에서 소개하는 '3배속 공부법'은 나의 수험 인생의 모든 노하우를 모아 총망라한 합격 전략이다. 어제와 다른 내일을 만들기 위해 오늘도 책상 앞에서 고군분투 중인 여러분들에게 이 책은 가장 빠르게 합격까지 가는 3배속 치트키가 되어줄 것이다.

단기 기억을 장기 기억으로 바꾸는 3회독 복습법부터 1초 만에 뇌에서 정답을 인출할 수 있는 실전 시험장 시뮬레이션까지, 최단기간 최대효율을 내는 공부의 기술을 이 책 한 권에 모두 모았다. 대입 수험생을 포함해 공무원, 임용고시, 공인중개사 등 다양한 이유로 다시 공부하기로 결심한 모든 분들이 이 책을 통해 꼭 오늘보다 더 나은 미래를 쟁취하기 바란다.

목차

[동기부여]
1장.
내 인생의 주인이 되고 싶다면,
일단 딱 1시간만 공부를 시작해보자

2장. [시간 관리]
한정된 시간에 공부의 효율을 극대화하는 시간 관리법

3장. [목표 설정]
그물망을 치듯 하나도 놓치지 않는 촘촘한 공부 계획 세우기

4장.

🏃 **[아웃풋 암기법]**

불가능한 암기량을 정복하는
4단계 암기법의 기술

5장. **[시험 전략]**

실수를 줄이고 아는 문제는
무조건 맞추는 D-30 실전 공부법

[멘탈 관리]

6장.

시험 당일 긴장감까지 통제하고 대비하는 궁극의 시뮬레이션

동기부여

내 인생의 주인이 되고 싶다면,

일단 딱 1시간만

공부를 시작해보자

인생에 끌려갈 것인가, 끌고 갈 것인가

여러분은 지금 자신이 선택한 전공이나 직업에 만족하는가? 쫓기듯 취업한 직장에서 일이 즐겁기는커녕 괴로워, 매일 아침 직장으로 향하는 버스 안에서 뛰어내리고 싶은 충동이 들어도 변화를 결정하지 못하는 사람이 생각보다 우리 주위에 많다. 당장 돈을 벌기 위해, 가족을 부양하기 위해 등 대부분의 사람들은 본인이 바라지 않는 전공이나 직업을 가지고 있더라도 현실적, 경제적인 이유로 새로운 도진을 망설이게 된다.

　나도 같은 고민을 했었기에 그 심정은 충분히 이해가 된다.

치의학 전문대학원을 다니며 치과의사 국가고시를 준비할 때 나는 이미 36세였다. 공부에만 전념하고 싶은 마음이 굴뚝같았지만, 그 나이에 부모님께 손 벌리고 싶진 않았다. 그래서 요양병원에서 당직 의사로 일하며 낮에는 생활비를 벌면서 퇴근 후에 시간을 쪼개 공부했다.

도전에는 분명 시간, 돈, 노력이 든다. 경우에 따라서는 주변 사람들의 배려나 희생이 추가로 요구되기도 한다. 하지만 도전에 드는 시간과 노력은 성공한 이후에 얼마든지 보상받을 수 있다. 그렇지만 싫은 일을 억지로 하며 허비해 버린 인생은 아무리 많은 시간이 지나더라도 보상받을 수 없다. 오히려 시간이 흐를수록 도전하지 못한 후회와 미련의 늪에서 더 빠져나오기 힘들어질 뿐이다.

아니다 싶을 때는 변화를 위해 움직여라

안타깝게도 많은 사람이 이 당연한 사실을 잊고 살아간다. 지금 이 순간은 다시는 돌아오지 않을 소중한 시간인데, 하기 싫은 일을 하면서 현실적인 이유를 핑계로 변화를 망설이느라 너무도 귀한 시간을 낭비한다. 지금 이 순간에도 시간은 계속 흐르고, 우리는 영원히 살지 못한다는 가장 중요한 진실을 망각하고 있는 것이다.

나는 이러한 사실을 대학교 3학년 무렵 깨달았다. 대학에 입학해 다양한 사람을 만나고 자유 시간을 만끽하며 즐겁게 살던 와중에 문득 이런 생각이 들었다.

'지금이야 실패해도 다시 도전할 수 있겠지만, 시간이 흘러 나이가 더 들면, 어느 순간부터는 다시 도전을 하고 싶어도 그럴 순 없겠지.'

그렇다면 아니다 싶을 때 하루라도 빨리 도전해야겠다고, 미래를 위해 현재를 희생하며 살지 않겠다고 결심했다. 이러한 다짐 덕분에 나는 남들은 한 번도 하기 힘든 진로 변경을 세 번이나 할 수 있었다. 아무리 남들이 봤을 때 늦은 나이였고 여러 가지로 불리한 상황이어도, 단 1년을 살더라도 내가 하고 싶은 일을 주도적으로 하기 위해 실패에 대한 두려움이 있을지언정, 결심한 순간 바로 도전에 나섰다.

그렇다고 현실적으로 대책 없이 미래를 전혀 고려하지 않았다는 건 아니다. 쉽지는 않지만 현실을 지키면서 미래도 적절하게 대비할 길이 있다고 믿었다. 효율적으로 시간을 관리하고, 집중력을 최대한 발휘한다면 두 마리 토끼를 다 잡을 수 있다고 생각했다.

지금 돌이켜 생각해 보면 하루하루 치열하고 힘들었지만, 현실과 미래 사이에서 균형을 잘 잡으면서 양쪽에 충실한 시간이었다. 그때 밀도 높게 보낸 하루하루가 쌓여 그 이후의 인생을 더 자신감 있게 살아갈 수 있었다.

변화를 결심한 순간 도전의 실마리를 잡은 것이다

한 번 그린 인생의 궤도대로 가야 할 필요도, 남이 그린 인생의 궤도를 따라갈 필요도 없다. 내 궤도는 내가 그린다. 그리고 이미 올라탄 궤도라도 얼마든지 수정할 수 있다. 설사 남이 볼 때는 두 마리 토끼를 다 놓치는 꼴이 되더라도, 그 담대한 도전의 경험만은 남을 테니 분명 후회하지는 않을 것이다. 나도 그랬고, 뒤늦게 새로운 도전을 했던 동기, 선후배들 역시 그랬다.

내가 도전에 성공해서 이런 말을 쉽게 하는 건 절대 아니다. 엄밀히 말하면, 아직 내가 도전에 성공했다고 단정할 수 없다. 그러나 무언가에 몰입해서 계획대로 완수해 본 경험은 이후 내가 인생을 살아가는 데 엄청난 자산이 되었다. 딕분에 앞으로 인생을 살아가며 어떤 힘든 일이 닥치고, 또다시 방향을 틀고 싶어지더라도 나는 결코 두렵지 않을 것이다.

공부를 하는 저마다의 이유는 다를 것이다. 그 이유가 무엇이건 뭔가에 도전해 보고 삶의 변화를 일으켜보겠다고 결심한 순간, 여러분은 삶의 주도권을 쥔 것이다. 더 행복해지기 위해, 더 잘 살기 위해 스스로 선택하고 나만의 도전에 나선 것이기 때문이다.

내 삶을 스스로 변화시키겠다고 결심한 순간 그 이상의 가치를 만드는 출발점에 서는 것이다. 하고 싶은 일을 찾아서 도전할 수 있다는 것 자체만으로 이미 행복의 실마리를 잡은 것임을 꼭 알았으면 좋겠다.

불확실한 삶을 돌파하는
가장 큰 무기

사실 부모님 세대만 해도 학교를 졸업한 후 다른 진로를 위해 다시 공부하는 일이 드물었다. 소위 남들이 말하는 명문대에만 들어가면, 남부럽지 않은 괜찮은 직장에 들어가 평생토록 밥그릇 걱정을 안 해도 되는 시대였다.

'평생직장'이라는 말이 보통명사처럼 쓰였고, 평생 한 우물만 파는 것이 근면 성실함을 보여주며 성공한 인생의 증거처럼 여겨지던 시절이었다.

하지만 '평생직장'이란 단어는 이미 없어진 지 오래다. 요즘 시대에는 과거처럼 한 직장에 평생 다니고 싶어도 사실상 불가능하다. 그런 만큼 뒤늦은 나이에 다른 진로를 찾아 다시 펜을 드는 늦깎이 수험생도 늘어나고 있는 것이 현실이다.

더군다나 세상이 너무나도 빠르게 변하고 있다. 시대의 변화에 맞춰 주변 환경이 바뀌며, 나의 생각과 가치관 역시 영향을 받게 된다. 그 변화를 두려워하지 않고 귀 기울이며 행동하는 것이 생존의 조건이기도 하다. 그렇기 때문에 어떤 직업을 가졌든 끊임없이 자기계발을 하고, 경쟁에서 살아남기 위해 계속해서 노력해야 하는 시대가 되어버렸다.

학창 시절 열심히 공부해서 명문대에 들어가더라도, 대학 시절에 열심히 공부해야 함은 물론이고, 사회로 나와서도 긴장을 늦추지 못하는 극도의 경쟁 환경에 내몰리고 있다.

그래서 명문대 졸업장이나 대기업 입사의 중요성이 과거에 비해 줄어들 수밖에 없다. 아무리 명문대를 나왔다고 하더라도, 고소득이나 직업의 안정성을 보장해 주지 못한다. 또한 아무리 대기업에 다니더라도 실력을 기르고 경쟁력을 보여주지 못하면 빛 좋은 개살구가 되는 사례도 흔하기 때문이다.

100세 시대, 도전은 선택이 아닌 필수

내 주위에도 남부럽지 않게 서울대에 들어갔다가, 직장에 만족하지 못하고 20대 중후반, 심지어 30대에 다시 시험을 봐서 상대적으로 고소득과 안정성을 보장하는 의대와 치대, 한의대 등으로 진학하는 동기나 선후배가 많다.

서울대 전기공학부 동기인 한 친구는 나처럼 서울대 공대를 졸업한 뒤 다시 공부를 시작해 서울대 치의학 전문대학원에 진학했다. 그리고 현재 치과의사로서 만족하며 일하고 있다. 또 내가 다시 수능을 쳐서 의대에 간다고 했을 때, 나를 배신자라고 비웃으며 도무지 이해가 안 간다고 했던 친구 역시 공대를 졸업하고 다시 수능을 봐서 지방대 치대에 진학했다.

굳이 의대나 치대가 아니더라도, 이미 대학을 졸업해 직장에서 일을 하는 20대 중후반의 나이에 고시를 보거나 커리어 전환을 위해 수능을 다시 공부하는 사례는 셀 수 없을 정도다.

심지어 나처럼 의사 면허를 취득해서 어느 정도의 안정성과 고수익이 보장되는 직업을 가지고 있더라도, 자기가 진정 행복할 수 있는 길을 찾아 다시 한번 늦은 나이에 도전하는 사례도 적지 않다. 서울대 의대를 졸업하고도, 적성에 맞는 수학 공부를 하기 위해 유학을 가 박사 학위를 따고 돌아온 후배도 있다.

100세 시대라고 한다. 20대와 30대가 아니더라도, 아니 어쩌면 이보다 훨씬 더 많은 나이에도 얼마든지 남아 있는 인생을 행복하고 주도적으로 살기 위해 새로운 도전을 할 수 있다.

어쩌면 도전은 선택이 아니라 필수인지도 모른다. 무엇보다 좋은 건, 새로운 일에 도전하고 다시 공부하는 경험을 해보면 불확실성이 두렵지 않다는 것이다.

자존감을 올리는
가장 쉬운 방법, 공부

내가 유튜브를 하고, 불특정 다수와 직간접적으로 소통하면서 가장 많이 들었던 얘기 중 하나가 '자존감이 높아 보인다'는 것이다. 나 자신도 어느 정도 그렇게 생각하는 편이다. 그러나 원래부터 자존감이 높았던 것은 절대 아니다.

나는 초등학교 4학년 무렵 공부를 열심히 하기 시작했는데, 타고나기를 겁이 많고 조심성이 많은 성격이어서 공부를 열심히 하면서도 과연 내가 공부에 재능이 있을지, 재능이 있어도 공부를 열심히 한다고 해서 좋은 성적을 받을 수 있을지 확신하지 못했다. 아니, 오히려 의심투성이였다. 실제로 어린 시절의 자존감은 바닥이었다.

한번 마음속에서 형성된 낮은 자존감은 결코 쉽게 올라오지 않았다. 아무리 부모님이 '넌 할 수 있다, 넌 재능이 있다'고 얘기해줘도 소용이 없었다. 오히려 공부를 하면 할수록, 엄청난 양의 학습량 앞에서 더욱더 위축되고 자존감은 낮아졌다.

자존감을 올려준 건 성적이 아니라 공부한 과정

그랬던 나에게 자신감을 주고 자존감을 올려줬던 건 만점이라는 성적도, 1등이라는 등수도 아니었다. 학습지의 문제를 스스로의 힘으로 하나하나씩 풀었을 때, 도저히 시간을 못 맞출 것 같은 숙제를 처음으로 완벽하게 해냈을 때, 처음 보았을 때는 이해하는 데만 꽤 긴 시간이 걸렸던 문제를 풀고 또 풀어서 비슷한 유형을 어렵지 않게 풀게 됐을 때였다. 결과가 아닌 과정에서 내가 느낀 성취감이 조금씩 나의 자존감을 키워주었다.

세상에 내 뜻대로 안 되는 일이 얼마나 많은가. 아무리 노력해도 나 혼자 힘으론 도저히 풀 수 없는 문제도 많다. 하지만 수학 문제는 보고 또 보면 이해할 수 있었고, 마침내 내 힘으로 풀 수도 있었다. 그러한 성취감은 시험 성적이 올라가고, 등수가 올라감에 따라 점점 배가되었다. 물론 무언가를 성취할 때마다 나에게는 또 다른 벽이 계속해서 나타났지만, 한계를 두려워하지 않고 뛰어넘을 수 있게 만든 원동력 역시 작은 성취를 통해 그동안 다져진 자존감이었다.

수험 생활 중 제일 행복했던 순간은 의외로 합격의 순간이 아니다. 대학교 4학년 시절 의대에 가기 위해 다시 수능 공부를 하던 바로 그때였다. 친구들이 다 자고 있을 새벽에 독서실에서 그날의 공부 할당량을 무사히 마치고 하늘에 별을 보면서 집에 걸어갈 때 이런 생각이 들었다.

'나는 내 의지로 미래를 바꾸기 위해 충실히 노력하고 있구나.'

그 순간 느낀 성취감과 만족감을 뛰어넘는 경험을 놀랍게도 지금까지도 나는 하지 못했을 정도다.

이런 작은 성공과 성취가 며칠, 길게는 몇 주에 한 번씩 계속해서 반복되면서, 어느 순간부터 나 자신의 능력을 믿게 되었다. 그 기저에는 바로 긴 시간 동안 공부를 통해 불가능해 보이는 벽을 뛰어넘은 경험이 있었다.

공부는 가장 효과적으로 자존감을 올리는 수단

SNS가 널리 퍼진 시대에 살며, 우리는 쉴 새 없이 남과 나를 비교하게 된다. SNS에 전시된 타인의 삶은 모두 나보다 멋지고 행복해 보인다. 나랑 비슷한 나이에 이미 수십억의 재산을 모은 사람들, 좋은 집과 비싼 차, 그리고 멋진 외모를 가진 사람들의 인생을 손안에서 하루에 수십 명, 아니 수백 명 이상 볼 수 있다.

화려한 인생을 사는 사람들과 비교하면 나 자신은 너무나도 초라해 보여서, 어떤 큰일을 목표로 하고 달성하더라도 도저히 그들을 뛰어넘을 수 없는 것처럼 느껴진다.

이러한 시대일수록 아주 작은 성취를 이루며 자존감을 만들어가는 일이 무엇보다 필요하다. 작은 성취가 모여서 결국 큰 성취가 될 것이기 때문이다.

자존감은 한 사람의 인생을 사는 데 가장 필요한 역량이다. 자존감이 높은 사람은 어떤 상황에서도 포기하지 않고 굳건하게 일어서서 자기 인생을 살아가며, 공부든 일이든 자신이 목표로 하는 것에 얼마든지 도전할 수 있다.

가장 먼저, 그리고 가장 쉽게 성취감을 느끼고, 자신이 할 수 있다는 믿음을 통해 자존감을 형성할 수 있는 건 아마 공부일 것이다. 왜냐하면 원하든 원치 않든 모두 학교에 들어가야 하고, 입학과 동시에 공부라는 과정을 의무적으로 거쳐야 하기 때문이다.

공부를 통해 성장하고 원하는 진로를 찾으며 인생을 바꿀 수도 있다. 그렇기 때문에 나는 꼭 공부를 통해 합격과 같은 유형의 이익을 얻지 않더라도 공부를 해야 할 이유는 충분하다고 생각한다. 설사 목표를 이루는 데 실패하더라도, 과정을 통해 인생을 살아가는 데 필요한 자존감은 반드시 남는다.

공부는 인생의
계단을 오르는 것

늦은 나이에 하는 공부가 과연 의미가 있을까? 괜히 시간과 비용을 허비하는 게 아닐까? 이런 걱정이 드는 건 당연하다. 내가 운영하는 유튜브에서도 이런 고민을 상담하는 사람이 많다.

아마 도전이 실패라는 결과로 끝나는 게 두려울 것이다. 안정된 직장을 포기하고 새로운 도전에 나서도 합격이 반드시 보장되는 것은 아니다. 도전에 들이는 노력과 돈은 시간이 지날수록 복리처럼 불어난다. 가뜩이나 힘든 인생을 헛된 도전 때문에 더 큰 구렁텅이로 빠뜨리지 않을까 두려울 것이다.

그렇다 보니 실패했을 때 잃을 것들로만 머릿속이 꽉 차버린 나머지, 도전 그 자체에서 얻을 수 있는 것들을 미처 보지 못하는 경우가 많다.

실패하더라도 인생의 계단을 오를 수 있다

도전해서 실패하면 처음부터 아예 도전하지 않느니만 못하다고 생각하는 사람도 있는데, 내 생각은 그렇지 않다. 세상의 모든 도전이 그렇겠지만, 수험 생활은 마치 인생의 계단을 오르는 것과 같다.

여러분이 목표로 하는 합격이라는 결과물은 그 계단의 맨끝에 위치한 문과 같다. 누구나 계단 끝까지 올라가 합격이라는 문을 활짝 열어젖히고 싶을 것이다. 그 문의 반대편에 지금까지와는 다른 밝은 미래가 기다리고 있다고 믿기 때문이다.

하지만 모든 수험생이 합격이라는 기쁨을 만끽할 수 있는 것은 아니다. 과반수가 넘는 수험생은 계단을 올라가는 도중에 자의든 타의든 걸음을 멈출 수밖에 없다. 그렇다고 해서 합격하지 못한 수험생이 한 개의 계단도 오르지 못한, 즉 도전조차 하지 않은 다른 사람과 비교해서 하나도 얻은 게 없을까?

비록 합격이라는 문은 열지 못했지만 인생에서 올라야 하는 계단을 이미 남들보다 몇 개나 먼저 올라와 있는 상태다. 단지 주위 사람들과 본인이 이미 상당수의 계단을 올라와 있다는 걸 모를 뿐이다.

어떤 인생을 살더라도 사람들은 각자 자신만의 인생의 계단을 계속 올라가야만 한다. 수험 생활을 포기하고 다시 원래의 생활로 돌아오든, 도전에 성공해서 원했던 진로로 나아가든 이미 올라온 계단은 사라지지 않는다.

몰입의 경험에서 배운 것

의사 면허와 치과의사 면허를 취득해서 표면적으로나 물질적으로 얻게 된 것이 분명 많기도 하다. 하지만 지금껏 크고 작은 위기에서도 날 일으켜 세워준 건, 남들보다 수년 뒤처진 상황에서 불확실한 미래를 위해 시험공부를 하며 하루하루 폭발적인 성장을 해낸 '몰입의 경험'이었다.

14년간 서울대를 다니며 오랜 시간에 걸쳐 여러 다른 분야의 공부를 하면서 공부의 목적이 시험에서 좋은 성적을 얻어 합격하는 것에만 있는 게 아니라는 생각이 들었다. 책상에 앉아

끊임없이 인내하며 흔들림 없이 지식을 습득하는 과정은 자기 자신과의 싸움이고 수련과도 같다. 그렇기 때문에 공부를 하면 할수록, 공부 실력만 느는 것이 아니라 인내심이나 배려심 같은 미덕도 함께 성장한다고 느꼈다.

이런 이야기를 들은 적이 있다. 많은 직장에서 신입사원을 뽑을 때 소위 말해 명문대생을 선호하는 가장 큰 이유가 그들이 직장 생활에서 당장 필요한 업무 능력을 갖췄기 때문이 아니라, 명문대에 들어가기 위해 열심히 공부하면서 자연스럽게 길러진 성실함이나 인내심, 책임감 등의 덕목 때문이라는 것이다. 전혀 근거가 없는 이야기는 아니라는 생각이 들었다.

새로운 도전을 앞두고 '왜 그렇게 오래 내가 원치 않는 길을 걸어왔을까?', 또는 '왜 그렇게 망설여서 헛된 시간을 보냈을까?'라는 후회가 들거나, '남들은 일하고, 가정을 이루고, 아이를 키울 시간에 나만 헛되게 공부에 무의미한 시간을 사용하는 거 아닐까?'라는 걱정은 무의미하다.

모든 노력은 인생의 계단을 한 걸음 한 걸음 올라가게 해준다. 계단의 끝에 있는 문을 여는 시기가 언제인가가 모두 다를 뿐이다. 계속해서 도전하고 노력한다면, 모든 사람이 그 문을 언젠가는 반드시 열 것임을 확신한다.

미래에 대한 고민은
일단 합격하고 해도 된다

직장을 그만두고 공부할지, 직장과 수험 생활을 병행할지 고민하는 사람도 있을 것이다. 사실 정답은 없다. 각자의 최선이 있을 뿐이다.

직장에서 벌어들이는 수익이 없으면, 생계가 위협을 받을 수도 있는 수험생에게 직장을 그만두라고 할 수는 없다. 이런 경우에는 직장을 다니면서도 충분히 합격할 수 있게 효율적으로 공부하는 방법을 찾는 것이 낫다. 다만 본인이 처한 상황과 공부 성향을 냉정하게 파악해서 결정해야 한다.

나는 공부량이 어마어마하게 많기로 유명한 의대와 치대를 다니며, 오로지 집중력과 의지로 좋은 결과를 얻는 사람들을 수 없이 보았다.

아버지의 사업 부도로 빚쟁이들이 학교 도서관까지 찾아오는 극한의 스트레스를 받는 환경에서도 좋은 성적으로 의대를 졸업한 동기도 있었다. 또 학교생활을 하던 도중 임신과 출산을 하면서도 휴학 한 번 하지 않고 치과의사 국가고시까지 합격한 동기도 있었다. 이런 사람들을 보면서 내가 내린 결론은 어떤 상황이든 공부에 집중하지 못할 환경은 없다는 사실이었다.

해보고 후회하는 게 낫다

죽음을 앞둔 사람이 하게 되는 가장 큰 후회는 돈이나 명예, 성공을 얻지 못한 것이 결코 아니다. '그때 도전이라도 해볼걸. 왜 시도조차 하지 못했을까?'라고 생각하는 것이다. 해보지도 않고 포기한 사람과 최선을 다해보고 포기한 사람이 있다면, 분명 후자가 훨씬 더 행복한 인생을 살 것이다.

물론 시험 결과가 좋으면 금상첨화겠지만, 공부라는 과정을 통해 인생에서 꼭 해보고 싶은 일을 열정을 가지고 도전하는 것만으로도 성장할 수 있다. 비록 실패했더라도, 자신이 진정으로 하고 싶은 일을 향해 노력하고 도전했다는 사실은 그대로 남는다.

하지 않은 것에 대한 미련을 제거하는 것만으로도 결과와 상관없이 이미 충분히 가치가 있다. 여러분의 공부는 결코 헛되지 않을 것이고, 여러분이 걱정하는 결과와 상관없이 여러분의 인생을 이전보다 행복하게 만들어 줄 것이다. 그러니 수험 생활 중에 때때로 힘들고 괴로운 순간이 올지라도, 너무 불행하게 생각하지는 않았으면 좋겠다. 지금 이 힘들고 괴로운 순간도 행복한 인생을 위한 이보 전진을 위한 일보 후퇴일 뿐이다.

도전을 후회하거나 결과에 대해 너무 두려워할 필요도 없다. 시험 불합격에 대한 고민은 실제로 그 일이 벌어지고 나서 해도 절대 늦지 않다. 그러니 지금 이 순간의 도전에만 충실하기를 바란다.

오로지 공부와 문제 자체에만 집중하고 다른 것에 에너지를 낭비하지 말자. 이것만 명심하고 지킬 수 있다면 시험장에서 여러분은 분명 실력을 발휘하고 웃으면서 나올 수 있을 것이다. 시험 결과는 그다음 일이다. 아직 벌어지지 않는 일을 미리 걱정하는 것이야말로 한 번뿐인 인생에서, 그리고 짧은 수험 생활의 시간 동안 가장 경계해야 할 일이다.

2장

시간 관리

한정된 시간에 공부의 효율을

극대화하는 시간 관리법

낮에는 페이 닥터, 밤에는 수험생

이 책을 읽는 수험생 중에는 직장 생활이나 대학교, 대학원 생활, 혹은 육아와 공부를 병행하는 사람도 있을 것이다. 그렇기 때문에 아무리 수험 생활이라 할지라도, 고등학교 시절처럼 하루 종일 공부만 할 수는 없기 마련이다.

게다가 우리가 하는 모든 공부는 시험 날짜가 정해져 있는 경우가 대부분이니, 누구나 공부할 시간이 부족하다고 느낄 수밖에 없다.

나도 다시 의대에 가기 위해 수능 공부를 시작했던 때는 걱정이 많았다. 고등학교 3년 내내 했어도 완벽하게 준비하지 못했던 수능 공부를 단 4개월 만에, 그것도 대학교 4학년 2학기를 다니면서 과연 제대로 준비할 수 있을까. 게다가 졸업반이었기에 주간에는 수업을 듣고 실험 등에 참여하느라 저녁이 되어서야 제대로 공부할 수 있었다.

치대에 가기 위해 공부했던 때는 더했다. 공중보건의사로 군 복무를 하며 낮에는 진료를 봐야 했기 때문에, 역시 저녁 6시 이후에야 겨우 공부에 집중할 수 있었다.

시간이 한정되면 오히려 집중력이 오른다

하지만 중요한 것은 절대적인 시간보다 주어진 시간을 효율적으로 사용하는 것이라는 걸 깨달았다. 주간에 책을 보며 공부를 하고 싶지만 그렇게 하지 못하니 오히려 공부하는 시간이 더욱 절실해지고 의욕이 불탔다.

학교를 다녀온 후 집 앞 독서실로 갔는데, 아무리 시간을 쪼개고 잠을 줄여도 하루 공부 시간은 최대 6시간 정도였다. 그래서 그 시간 동안에는 식사도 자리에서 간단히 때우면서 정말 최선을 다해 공부했다. 이게 가능했던 것은 학창 시절처럼 억지로 해야 하는 것이 아닌, 내가 선택한 공부였기 때문이다.

덕분에 상대적으로 공부 시간은 짧았어도 오히려 효율은 더 높았다. 비록 10대 시절에 비해 공부 머리도, 체력도 상대적으로 떨어졌더라도 더 강한 동기부여와 효율적인 공부법을 통해 더 많은 양을 공부했다. 집중력 있게 공부한 6시간이 억지로 공부한 12시간보다 훨씬 더 낫다는 것을 실감했다.

자신의 한계치를 끌어올려라

사람마다 하루에 가능한 공부량의 총합에는 한계가 있기 때문에 15시간 이상을 공부한다고 해서 다섯 시간 공부한 것의 세 배의 효율을 얻는 게 아니다. 사람에 따라서는 한두 시간만 지나도 집중력이 현저하게 떨어질 수 있다.

중요한 건 나의 한계치까지 집중력을 최대한 끌어올리는 것이다. 그러면 하루 다섯 시간만 공부하더라도 높은 효율을 얻을 수 있다.

따라서 20대 이후 수험 생활의 기본은 공부에 집중하는 시간을 적재적소에 배치하는 것이다. 예를 들어, 퇴근 후 쉬는 시간에 집중해서 공부를 한다든지, 중간중간 일과 중에 자투리 시간을 활용하는 등 더욱 철저한 시간 관리가 필요하다.

효율을 높이는 철저한 시간 관리가 수험 생활의 성패를 좌우한다. 한정된 시간에도 집중력을 최상으로 끌어올려 합격을 세 배로 앞당겨주는 시간 관리법을 지금부터 소개하겠다.

하고 싶은 일과
해야 하는 일을 구분하라

일생일대의 도전을 하기 위해 공부를 시작한다고 해도 세상은 그걸 배려해주지 않는다. 공부를 하더라도 내 생활은 계속되고 또한 내가 져야 할 책임과 의무도 여전히 존재한다. 그래서 공부 계획을 짜고 시간 분배를 하기 위해서는 가장 먼저 하고 싶은 일과 해야 하는 일을 미리 구분해서 정리할 필요가 있다.

공부뿐 아니라 일상에서 꼭 해야 하는 일(예비군 훈련, 집안 대소사 등)도 미리 정리해두면 계획을 짜고 시간을 배분하기가 용이해진다. 이런 행사는 1년 단위로 돌아오는 경우가 많기 때문에 1년 단위로 해야 하는 일을 정리해두는 것을 추천한다.

공부에 집중하는 중에 생각지 못한 일이 생겨서 시간을 빼앗기고 집중력이 흐트러질 경우, 계획에 막대한 영향을 미칠수 있다. 이런 과정에서 수험생들이 겪는 스트레스가 어쩌면 공부 그 자체보다 더 클 수도 있다. 그래서 상황을 미리 인지하고 시간 관리에 반영할 수 있어야 한다.

내가 하고 싶은 일을 정리하는 것도 중요하다

우리는 공부를 하기 위해서 하고 싶은 많은 일을 참고 뒤로 미뤄야 한다. 꼭 해야 하는 일이 아니라 하고 싶은 일에 불과하기 때문에 합격 이후 해도 되는 일이라고 마음을 정리하면 도움이 된다. 또한 버킷리스트처럼 적어두고 공부가 힘들 때마다 들여다보면서 동기부여를 할 수 있다. 당당하게 합격해서 그토록 하고 싶었던 일을 마음껏 즐기는 내 모습을 그려보는 것이다.

하고 싶은 일은 다시 단기와 장기로 나누어 적을 수 있다. 예를 들면, '여행 가기' 같은 항목은 아무리 버킷리스트에 들어 있다고 하더라도 시험에 합격하기 위해서는 시험 이후로 미뤄야 하는 일이다. 시험에 합격하거나 좋은 성과를 이루면 여행을

꼭 해야 하는 일 vs. 하고 싶은 일

꼭 해야 하는 일				하고 싶은 일	
공부	날짜	생활	날짜	단기	장기
기출문제 풀어보기		할머니 칠순 잔치		만화책 읽기	여행하기
○○ 과목 1회독		어머니 생신		쇼핑하기	이성친구 만나기
		예비군 훈련		술 마시기	
		대학교 시험		게임하기	

가기로 계획을 짜 보자. 공부가 하기 싫을 때면 그 목록을 보면서 합격한 후 하고 싶은 일을 즐기는 내 모습을 그려보는 것도 도움이 된다.

버킷리스트에는 이번 주를 충실히 공부한 뒤에 주말에 잠시 하고 싶은 일을 적어도 좋다. 맛있는 음식 먹기, 예쁜 옷 쇼핑하기, 만화책 읽기처럼 짧은 시간에 스트레스를 해소할 수 있는 일도 같이 적어두면 좋다. 한 주 열심히 공부한 뒤에 하고 싶은 일을 주말에 하기로 정해두면, 공부에 대한 의지가 샘솟지 않을 때 재충전하고 다시 매진할 수 있는 동기부여가 된다.

나의 경우에도 짧게는 1~2주, 길게는 1년 후 공부나 시험을 마친 후 하고 싶은 일을 적었다. 그 리스트 중에는 '여행 가기'도 있었고, '술 마시기', '일주일 내내 게임하기' 같이 사소한 것도 많았다.

지금 이 순간 아무리 힘들고 괴로워도 좋은 결과를 얻는다면, 내가 그렇게 하고 싶은 것들을 마음껏, 보란 듯이 할 수 있다는 생각 때문에 잠시나마 기분이 좋아지고, 공부에 대한 의지가 다시 샘솟았다. 긴 여정이 될 수도 있는 수험 생활에서 버킷리스트는 오아시스 같은 역할을 해준다.

시간이 없을수록
공부에 경중을 두어라

이제 앞서 적은 '꼭 해야 하는 일' 중에서 공부에 관련된 것만 살펴보자. 해야 하는 공부 목록을 작성했으면 이제 우선순위를 정해야 한다. 정해진 시간을 어떻게 효율적으로 활용하느냐에 따라 수험 생활의 성패가 갈리기 때문이다.

나도 늘 시간이 부족했기에 상대적으로 취약한 과목에 집중적으로 시간을 투자하는 식으로 우선순위를 정해두었다.

공부 우선순위 정하기

공부	우선순위
기출문제 풀어보기	1
○○ 과목 1회독	2
모의고사 문제 풀기	6
오답 노트 만들기	5
현장 강의 듣기	3
온라인 강의 듣기	4

우선순위를 정하는 법

아무리 간단한 자격증 시험이라 하더라도 최소한 2~3개의 과목을 포함하고, 많으면 5개 이상의 과목을 공부해야 하는 경우도 있다. 그렇기 때문에 어떤 과목을 가장 먼저, 가장 많이 공부할지 정해야 한다. 이 우선순위는 개인에 따라 나를 수 있다.

예를 들어, 내가 제일 취약한 과목을 최우선 순위로 정할 수 있고, 공부할 범위가 가장 많고 내용이 어려워서 변별력이 있는 과목을 우선순위로 정할 수도 있다. 일반적으로 우선순위를 쉽게 정하는 방법은 이 두 가지를 다 고려하는 것이다.

과목별 우선순위 정하는 법

- 1순위: 내가 약한 과목 + 범위가 넓거나 변별력이 높은 과목

- 2순위: 내가 약한 과목 + 범위가 넓지 않거나 변별력이 낮은 과목

- 3순위: 내가 강한 과목 + 범위가 넓거나 변별력이 높은 과목

- 4순위: 내가 강한 과목 + 범위가 넓지 않거나 변별력이 낮은 과목

여기서 2순위와 3순위는 시험의 특성에 따라 순서를 바꿀 수도 있다. 중요한 것은 우선순위를 정하는 과정이 다분히 전략적이고 합리적이어야 한다는 점이다. 그러기 위해서는 먼저 시험에 관해 정확한 정보를 알아야 하고, 자신의 실력을 객관적으로 판단해야 한다.

어떤 시험은 절대평가이기 때문에, 아무리 난이도가 높아도 시간만 충분히 들이면 어느 정도 정복이 가능한 반면, 상대평가이고 합격생 수가 정해진 시험이라면 시간을 들인다고 무조건 합격한다고 장담하기 어렵다. 이렇듯 내가 보는 시험의 특성에 따라 전략을 다르게 세워야 합격이라는 성과를 얻을 수 있다.

예를 들어 상대평가인 시험이라면 차라리 내가 어려워하는

과목의 공부량을 과감히 줄이고, 내가 잘할 수 있는 과목에 집중하는 게 나을 수 있다. 잘하는 과목에서 고득점을 받아 취약 과목의 저득점을 상쇄하는 전략이 오히려 합격에 유리할 수 있기 때문이다.

초반에는 약한 과목을 집중 공략하라

각자 준비하는 시험에 따라 다르겠지만, 자신의 성향이나 전공과 제일 거리가 먼 과목이 있을 것이다. 그런 과목은 솔직히 공부하기 싫다. 반면 자신 있고 좋아하는 과목은 더 공부하고 싶은 마음이 들 수 있다.

나도 고3 때 국어 공부를 할 때는 아무리 공부해도 성적이 오르지 않을 것 같았다. 실제로 모의고사 국어 점수가 늘 제자리걸음이었다. 국어라는 과목의 특성상 단기간에 성적을 올리기 힘든데, 여기에 괜히 많은 시간을 할애해서 다른 과목 성적마저 떨어지는 게 아닌가 걱정하기도 했다.

하지만 그럴 때일수록 낯설고 어려운 과목에 최대한의 시간을 할애해야 한다. 같은 시간을 투자했을 때 가장 유의미하게 성적 향상을 이룰 수 있는 과목은, 역설적이지만 바로 내가 취약한 과목인 경우가 많기 때문이다.

예를 들어 100점 만점에 50점도 안 나오는 과목의 경우 집중력 있게 공부하면 성적이 더 드라마틱하게 향상되어 합격으로 가는 데 중요한 역할을 할 수 있다. 점수가 낮은 과목일수록 오를 수 있는 점수의 여지가 훨씬 더 크기 때문이다.

그래서 나는 가장 못했던 국어 과목을 최우선 순위로 뒀다. 평일 하루 공부 시간인 6~8시간 중 80퍼센트 정도인 5~6시간 정도는 국어 문제를 풀고, 개념을 잡는 데 시간을 할애했다.

제2순위로 두었던 과목은 두 번째로 취약하고 하기 싫었던 사회탐구와 같은 암기 과목이었다. 하루 공부 시간 중 20퍼센트 정도인 2시간을 할애했다. 보통 암기 과목의 경우 일반적으로 하루에 완벽하게 암기할 수 있는 양은 개인별로 정해져 있는 편이다.

나의 경우 하루 공부 시간의 절반 이상을 암기 과목에 할애한들, 다음 날이 되면 2시간 정도 집중해서 공부한 분량밖에는 기억하지 못했다. (기억력과 집중력에는 개인차가 있으므로 스스로 시간을 조정해보며 하루 최대 암기량을 알아보길 바란다.) 그래서 암기 과목은 머리에 집어넣을 수 있는 한도치를 채우기 위해, 매일 빼놓지 않고 2시간씩 공부했다.

나중 순위로 둔 과목들은 이미 어느 정도 점수가 나와서 감각만 유지하면 됐던 수학, 과학이었다. 하루에 8시간 공부한다고 하면, 수학은 1시간 동안 1회분 모의고사 30문제를 푸는 정도만 할애했다.

나중 순위의 과목이더라도 한 달에 일정 시간을 분배해서 문제를 풀고, 감각을 유지했다. 우선순위라는 것은 가장 많은 시간을 들여야 한다는 뜻이지 그 과목만 공부해야 한다는 의미가 절대 아니다. 이는 점수가 올라서 모의고사 점수 자체가 합격권에 근접해지는 상위권이 될수록 더 중요해진다. 이때는 선순위든 후순위든 두 마리, 아니 모든 토끼를 다 잡아야 하기 때문이다.

요약하자면, 수험 생활의 초중반기에는 가장 낯설고 어려운 과목에 최대 시간을 배분해서 집중력 있게 공부하면 성적이 크게 오를 수 있다.

그 이후에 실전 시험이 다가올수록 그동안 미처 챙기지 못했던, 자신 있는 과목을 철저하게 점검하라. 그러면 전에는 맞추지 못했던 문제도 맞힐 수 있고, 전에 맞힐 수 있던 문제도 실수하지 않을 수 있다. 그렇게 하면 부족했던 과목과 자신 있던 과목 모두 좋은 점수를 받게 되어서 결과적으로는 모든 과목에서 일정 수준 이상의 점수를 획득하며 합격에 이를 수 있다.

자투리 시간을
극대화하라

다시 수능을 준비하던 대학교 4학년 시절, 나는 바쁜 졸업반 생활 속에서도 시간을 쪼개 공부할 시간을 냈다. 학교를 오가던 지하철이나 버스 안에서도 공부를 했고, 대학교 강의실에서도 짬짬이 쉬는 시간을 활용하는 등 공강 시간도 허투루 보내지 않았다. 다행히 절실한 마음이 컸던지, 오히려 집중력을 발휘해서 효율은 더 높아졌다.

치대를 준비하면서도 낮에는 보건소에서 진료하면서 병역 의무를 수행하며 공부했다. 제대로 된 공부는 퇴근 이후에나 할 수 있었지만 환자가 없는 사이사이 아주 잠깐의 틈에도 책을 펼치고 공부하곤 했다. 점심시간도 보통 김밥이나 샌드위치로 간단히 먹으며 공부했는데 어찌나 몰입했던지, 한 시간이 마치 5분 같이 느껴질 정도였다. 퇴근 이후에 하는 공부량보다 진료 중에 틈틈이 공부한 양이 더 많은 날도 꽤 있었다.

틈새 시간 동안 몰입해서 밀도 있는 공부를 하면 3~4시간 책상에 앉아 있는 것만큼이나 효과를 볼 수 있다. 이처럼 자투리 시간을 어떻게 사용하느냐에 따라, 다른 일과 함께 병행하더라도 공부의 질과 양은 충분히 지킬 수 있다.

단 1~2분까지 짜낸다

서울대 치의학 전문대학원을 다니며 방대한 양의 치과의사 국가고시 공부를 하던 시기, 내 나이는 무려 36세였다. 체력도 학습 능력도 20대 때와는 비교도 안 되게 떨어진 게 온몸으로 느껴졌다. 게다가 당시 학비와 생활비를 벌기 위해 낮에는 치대 병원에서 힘든 실습 스케줄을 소화하고, 오후 5시 이후에는 요양병원으로 출근해서 야간 당직을 서면서 입원 환자들을 돌봤다.

사실 국가고시를 공부하기에 최악의 상황이었다. 그래서 수

입이 끊기더라도 요양병원 일을 잠시 쉬고 치과의사 국가고시에 집중하는 게 낫지 않을까 하는 고민도 잠시 했었다. 하지만 요양병원 당직 업무를 한 달 이상 쉬게 되면 이후 병원으로 복귀가 쉽지 않은 상황이었다.

그래서 내가 내린 해법은 공중보건의 생활을 할 때보다 자투리 시간을 더 짜내는 것이었다. 주간에 마음 편히 책을 펼치고 공부를 할 수 없을지언정, 치대 병원 실습 학생으로 일할 때 자투리 시간을 최대한 활용했다. 저녁에 공부한 내용들을 그다음 날 자투리 시간에 복습하는 식이었다.

자투리 시간 활용을 위해 손바닥 정도 크기의 암기집을 만들어서 가운 주머니에 넣어뒀다. 환자나 교수님을 기다리는 대기 시간에 암기집을 꺼내서 읽고 또 읽었다. 주머니에 넣을 수 없는 책들은 당직을 할 때 정독했다. 책을 들고 다닐 수 있는 때라면 언제든 책을 끼고 다녔고, 아주 잠깐의 틈만 나면 책을 펼쳤다.

심지어 요양병원에 차로 운전해서 출퇴근하는 동안 정지 신호에 걸리면, 그 잠깐의 1~2분 동안 책을 읽기도 했다. 암기를 쉽게 하기 위해 외워야 할 단어들의 앞 글자만 따서 암호처럼 만든 문장들을 MP3 파일로 녹음해놓고 운전하면서 음악처럼 듣기도 했다. 이처럼 극한의 상황이 오히려 모든 자투리 시간을 활용할 수 있게 했다.

공부할 환경은 내가 만드는 것이다

내가 그렇게 고군분투할 동안 다른 많은 경쟁자는 도서관에 앉아서 공부에만 집중할 수 있었을 것이다. 심지어 그들 대부분이 나보다 열 살 가까이 어리다. 그러니 나는 결과적으로 그들 못지않은 치과의사 국가고시 성적을 받았다.

공부에 전념할 수 있는 환경이 되지 않더라도, 신체 나이와 두뇌 능력이 한창때보다 떨어지더라도, 공부 전략을 잘 짜고 어떻게 노력하느냐에 따라 얼마든지 핸디캡을 딛고 좋은 학습 결과를 얻을 수 있다는 사실을 깨달았다.

아무리 시간이 없더라도 누구에게나 자투리 시간은 있을 것이다. 그 시간을 5분이든 10분이든 쪼개라. 그리고 주머니에 쏙 들어가는 암기집이나 오답 노트를 분신처럼 지니고 다녀라.

공부할 환경이 되지 않는다고 탓하지 마라. 언제 어디에 있든 공부할 환경을 만들 수 있다. 그러면 내가 가는 곳이 다 도서관이 된다. 집중만 할 수 있으면 공사판도 도서관으로 변하고, 어떤 소란도 백색소음으로 바뀐다.

나에게 맞는
시간 관리법 찾기

유명한 강사나 뛰어난 성적을 얻은 선배의 노하우를 적용하면 효율적으로 공부할 수 있지 않을까? 이런 생각을 하는 사람이 많다. 그래서 남의 공부법을 찾아보느라 정작 자신의 공부는 게 을리하는 사람도 있다.

하지만 단순히 어떤 공부법을 아는 것만으로 100퍼센트의 공부 효율을 내는 것은 불가능하다. 많은 시간을 들여 그 공부법을 훈련해서 본인만의 공부법으로 체화해야 비로소 성과가 나는 법이다. 그러니 아무리 가성비 좋은 공부법을 안다고 해도, 그것을 적용하는 데는 꽤 오랜 시간이 필요할 수 있다는 사실을 기억해야 한다.

그러므로 남의 공부법을 찾아 헤매지 말고 기초부터 차근차근 공부하면서 자기만의 공부법을 찾고 완성해나가기를 바란다. 공부법을 완성하기까지 비록 많은 시행착오를 겪고 오랜 시간이 걸릴지언정 완성하고 나면, 그동안 들인 시간과 노력을 보상할 만큼 높은 공부 효율을 보일 것이다. 세상에 모든 일이 그렇듯 공부에서도 가성비만 찾아서는 안 된다.

나는 다시 한번 수능 공부를 시작하면서 나에게 딱 맞는 효율적인 암기법을 정립했다. 그 이후 의대 생활과 다시 도전한 치의학 전문대학원 수험 생활에서도 나에게 잘 맞는 공부법을 정립한 것은 큰 도움이 되었다. 공부법은 완성되기까지 시간이 걸릴 수는 있으나, 한번 완성하면 무엇이든 학습하거나 습득할 때 훌륭한 도구가 된다.

이런 생각을 한다면 늦은 나이에 다시 공부를 시작하면서 처음에 들일 시간과 시행착오를 좀 더 의연하게 견딜 수 있다. 길고 힘들게만 보이는 그 시간은 분명 그 이상의 성과를 가져다줄 것이라는 사실을 믿고 하루하루를 충실하게 채워나가야 한다.

모두에게 좋은 시간 관리법은 없다

공부법과 마찬가지로 모든 사람에게 적용되는 만능 시간 관리법은 없다. 아무리 성공적인 시간 관리법이라고 한들 그 방법이 일률적으로 모두에게 적용되길 기대하는 것은 불가능하다. 어떤 사람에게는 최고의 시간 관리법이라고 할지라도, 나에게는 최악의 시간 관리법이 될 수 있다. 각자의 상황과 공부 성향, 기본 실력 등이 다 다르기 때문이다.

예를 들어 유명한 UFC 선수가 본인의 기술을 초보자나 신인급 선수에게 아무리 자세하게 알려준다고 한들, 초보자가 방금 가르쳐준 기술을 능숙한 UFC 선수 수준으로 구사할 수는 없지 않겠는가. 공부도 마찬가지라고 생각한다.

그럼 어떻게 해야 나한테 맞는 시간 관리법을 찾을 수 있을까? 자기 자신에게 맞는 시간 관리법은 시행착오를 거쳐서 스스로 찾아낼 수밖에 없다. 물론 이 장에서 내가 말한 시간 관리법을 여러분이 참고할 수는 있을 것이다. 하지만 내가 말한 시간 관리법을 토대로 직접 공부를 하면서 그 방법을 적용해보고 여러분에 맞게 적절히 수정하는 수많은 시행착오를 겪으면서 자신만의 최적화된 시간 관리법을 찾아내야 한다는 뜻이다.

그 경험이 겹겹이 쌓이면 맞춤옷처럼 체화되어 엄청난 위력을 발휘하게 된다. 소위 공부 고수로 불리거나 시험에 합격한 사람들의 노하우 역시 이런 과정을 통해 얻어진 값진 지식일 것이다.

내 스타일에 꼭 필요한 도구만 활용하자

학습 계획을 세우는 플래너가 필수라고 생각하는 사람이 많다. 그러나 꼭 종이 형태로 된 유형의 플래너에 손으로 기록하는 것에 집착할 필요는 없다. 요새는 스마트폰 플래너 애플리케이션을 통해 공부 계획을 작성해도 된다. 매일 아침 스마트폰을 켜자마자 오늘 공부할 과목과 양을 보는 것도 큰 도움이 될 수 있다.

아니면 나처럼 그냥 머릿속 가상의 공간에 공부 계획을 짜놓고 그것을 매일매일 되새기며 공부할 수도 있다. 사실 플래너를 사거나 애플리케이션을 까는 것보다 머릿속에서 계획을 계속해서 수정하고 보완하는 게 더 효율적일 수도 있다. 계획은 매일의 컨디션에 따라 미묘하게 계속 수정될 수 있기 때문이다.

그러므로 머릿속으로만 계획을 짠다고 해서 불안해할 필요는 없다. 아무 생각 없이 공부하는 것이 아니라 장기적으로 계획을 짜고, 그 계획을 이루기 위한 단기적인 계획도 머릿속에 그려두면서 공부하고 있다면, 이미 충분히 훌륭한 학습 플래너를 쓰고 있는 것이다.

공부 시간과 쉬는 시간을 측정하는 타이머 역시 꼭 필요한 것은 아니다. 1~2시간은 쉽게 집중하는 사람이라면, 사실 타이머는 필요하지 않다. 1~2시간을 집중하고 10분을 쉬는 게 그리 어렵지 않은 사람은 독서실이나 강의실에 있는 큰 시계만 있어도 시간 관리를 할 수 있다.

하지만 1시간 단위로 집중하기가 쉽지 않고, 충분히 길게 시간을 낼 수 없는 상황이라면, 타이머는 큰 도움이 된다. 나는 스마트폰에 있는 타이머를 사용해 30분 공부하고 그다음 5분 쉬는 방식을 택했다.

다시 한번 강조하자면 수험 생활에서 중요한 것은, 본인에게 주어진 상황에서 최고의 효율을 만들어내는 것이지, 꼭 어떤 도구를 뜨거나 획일화된 공부법을 따라야 하는 게 아니다.

3장

목표 설정

그물망을 치듯

하나도 놓치지 않는

촘촘한 공부 계획 세우기

장기 계획을
세우지 마라

매일 열심히 공부하는 건 절대 쉽지 않다. 공부 범위가 너무 방대해서 오늘 공부한 분량이 너무나 하찮게 느껴질 수도 있다. '나무를 보지 말고 숲을 보라'는 얘기처럼 수험 생활을 할 때도 장기 계획을 세워 장거리 레이스처럼 운영해야 한다. 하지만 넓디넓은 숲도 한 그루 한 그루의 나무가 모여 이루어지듯, 긴 수험 생활도 하루하루 충실한 시간이 쌓여서 이루어진다.

그렇기에 수험 생활은 저 앞에 있는 나무까지만 가보자는 생각으로 나아가야 한다. 그 나무에 다다르면 다시 다음 나무까지 나아간다. 이렇게 하면 작은 성취를 이루며 어느새 숲을 지나 내가 원하는 곳에 가닿을 수 있다.

오해하면 안 되는 점은 장기 계획을 세우는 것이 나쁘다는 의미가 아니다. 다만 장기 계획을 세우고 그것을 실행해나가다 보면 방대한 공부 범위에 지레 겁을 먹거나 목표까지 가는 도중 집중력을 상실할 수 있다.

한 달 단위로 계획해보자

우선은 한 달 단위로 공부 범위를 정하고 계획을 세우는 것부터 시작해보자. 예를 들어 공부하는 기간이 6개월이라면, 우선은 마지막 1~2개월을 제외한 나머지 4~5개월 동안 매달 비슷한 양을 공부할 수 있게 계획을 짜보자. 그것만으로도 너무 방대해 다 공부하기 불가능해 보이던 시험 범위가 해볼만 하다고 느껴질 것이다.

내가 36세에 나이에 어마어마한 시험 범위를 자랑하는 치과의사 국가고시를 준비할 때다. 시험 범위는 치의학 전문대학원 4년간 배운 책을 A4 용지에 빽빽하게 채우면 약 1,500쪽이나 되는 분량이었다. 그마저도 먼저 국가고시를 치른 치과의사 선배들이 다년간에 걸쳐서 간략하게 요점만 정리한 양이었기에 한 줄도 허투루 외워서는 안 되었다. 책으로 따지면 3,000~4,000쪽을 약 6개월간 완벽하게 공부해야 했다.

그 양에 좌절해 어떻게 시작할지 엄두를 못 내거나, 혹은 방구석이나 독서실에 틀어박혀서 일단 무작정 공부하는 학생도 있었다. 하지만 나의 경우는 공부할 양은 더 많았던 의사 국가고시를 경험해봤기에 효율적인 수험 전략을 세울 수 있었다.

시험 직전에 복습할 시간을 마련하라

100점을 노리는 게 아니라 시험에 합격하는 게 목표라면 무턱대고 전체 분량을 똑같은 강도로 세세하게 공부하는 건 비효율적이다. 80점 정도를 목표로 공부해도 괜찮은 시험에서는 여러 번 출제되었고 출제 확률이 높은 부분만 모아둔 요약본을 철저하게 정독하는 것이 효과적이다. 합격을 목표로 현실적인 분량을 정하는 게 좋다.

그런 다음에는 그 분량을 어떻게 나눠서 공부할 것인지 정해야 한다. 시험의 종류와 범위에 따라 조금씩은 다르겠지만, 시험 2개월 전부터는 적어도 2회독, 즉 복습에 들어가는 것이 좋다.

늦어도 한 달 전에 전 범위를 빠르게 복습할 시간은 남겨두는 것이다. 그렇지 않으면 장기 기억에 저장되었다고 해도 기억이 흐려져 막상 실전에서 헷갈리게 된다.

이는 경험적으로도 그리고 이미 정립된 뇌 기능 이론으로도 확인된 사실이다. 에빙하우스의 망각 곡선 연구에 의하면 학습한 지 10분 후부터 망각이 시작되어 하루 뒤에는 공부한 양의 60~70퍼센트가 기억에서 사라진다. 망각을 막고 오래 기억하기 위해서는 반복적으로 암기하는 것이 중요하다.

장기 기억에 제대로 저장해서 실제 시험에서 최대한의 기억력을 내기 위해서는 아무리 여러 번 본 부분이더라도 시험 직전에 잠깐이라도 빠르게 복습하는 것이 최고의 암기법이다. 게다가 시험이 다가올수록 새로 나온 출제 경향이나 정보를 추가로 공부해야 할 수도 있다. 그래서 시험이 가까운 시점에 복습할 시간을 반드시 미리 확보해두는 것이 중요하다.

아무리 많은 공부량도
잘게 나누면 할 수 있다

방대한 분량을 짧은 시간 동안 어떻게 공부할 것인가? 가장 강력한 방법이 공부해야 할 양을 최대한 잘게 쪼개는 것이다. 나는 치대 4년간의 공부 경험을 통해, 하루 종일 10~14시간 공부했을 때 외울 수 있는 양이 A4 용지 40쪽 전후임을 알고 있었다. (여러분도 먼저 1~2주 정도 공부하면서 내가 하루에 암기할 수 있는 평균 공부량을 측정해보길 바란다.)

이때 중요한 것은 그 공부량이 오랜 시간 지속 가능한 양이이야 한다는 점이다. 컨디션이 좋고, 유달리 공부가 잘되는 날의 공부량을 기준으로 정하면 곤란하다. 매일 6~7시간의 수면과 식사 시간, 그리고 약간의 휴식 시간을 가지면서도 충분히 여유 있게 소화해낼 수 있는 양을 측정해보기를 바란다. 그렇게 잡은 공부량이 여러분이 앞으로 짧게는 몇 개월, 길게는 1년 이상 매일매일 꾸준히 공부할 수 있는 하루 공부량이 되는 것이다.

공부량을 쪼개면 쉽게 정복 가능하다

치과의사 국가고시를 볼 때 1,500쪽의 방대한 분량을 4개월 동안 공부해야 했다. 그렇다면 1,500쪽을 4개월로 나누면 넉넉 잡아 한 달에 400쪽을 공부하면 된다는 계산이 나온다. 1주에 100쪽씩 암기하면 된다. 내가 하루에 암기하는 양이 40쪽이니 7일 중 3~4일만 공부해도 충분히 소화할 수 있는 양이다.

언뜻 보아 엄청난 범위라고 생각했던 1,500쪽을 쪼개보니 충분히 대비할 수 있어 보였다. 아무리 수험 생활이 낯설고 공부 능력이 다소 부족한 사람이라도 전체 공부량을 하루 분량으로 쪼개어 계산해보면 충분히 시험 전까지 공부하는 것이 가능한 경우가 많다.

1,500쪽 ÷ 4개월 = 400쪽/1개월

400쪽 ÷ 4주 = 100쪽/1주

100쪽 ÷ 7일 = 약 14쪽/1일

* 나의 하루 암기량: 40쪽

→ 120쪽씩 7일 중 3일만 공부해도 소화 가능

여기서 나는 좀 더 욕심을 부려보았다. 1회독하는 기간을 4개월에서 2~3개월로 당기는 방향으로 계획을 수정한 것이다. 일주일에 휴식이나 개인적인 일로 공부를 제대로 못 하는 시간을 2일이라고 가정하고, 나머지 5일을 열심히 공부한다면 일주일 동안 200쪽은 공부할 수 있을 것이다.

그렇다면 한 달 동안 800쪽 정도 볼 수 있다는 결론이 나왔다. 따라서 두 달이면 1,600쪽을 볼 수 있으니, 일주일에 5일만 성실하게 공부한다면 2개월 동안 충분히 시험 범위를 다 소화할 수 있다는 계산이 나왔다.

실제로 나는 치과의사 국가고시를 공부하면서 공부 시작 초반부 2개월 동안 충분한 여유를 가지고 전체 시험 범위 1회독을 완료했고, 그 후 2개월 동안 좀 더 손쉽게 2회독을 완료했다. 시험 날짜 2개월 전에 이미 시험 범위를 두 번 정독한 것이다.

남은 2개월 동안에는 이미 2회독을 통해 익숙해진 범위를 시험 전날까지 복습하기를 반복했다.

이런 전략적인 수험 계획은 실제 시험장에서 빛을 발했고, 전국 치대생들 중에서 상위 30퍼센트 이내의 우수한 성적으로 합격했다. 돈을 벌기 위해 일까지 하는 극한 환경에서 심지어 충분한 수면과 휴식 시간을 가지면서 말이다.

변수가 생겨도 흔들리지 말자

이렇게 한 달을 4주로 나눠서 매주 공부할 범위를 산정해보자. 막연해 보였던 시험 범위도 일주일로 치면 분량이 크게 줄어들 것이다. 기본적인 공부 실력이나 체력이 없어도 '이 정도면 나도 충분히 할 수 있지 않을까' 하는 생각이 들 것이다. 그래도 그 범위가 버겁게 느껴진다면, 다시 1주를 7일로 나눠보자. 그리고 하루에 해야 할 양을 정하는 것이다.

물론 변수는 생길 수 있다. 하루나 이틀 정도는 집중도 안 되고, 뜻밖의 일이 생기거나 예상치 않게 컨디션이 좋지 않아 휴식이 필요할 수도 있다. 상황에 따라 그런 변수들 때문에 공부 계획을 완벽하게 실행하지 못하는 날이 있을 수 있다.

하지만 그런 하루 이틀을 제외한 나머지 5~6일 만이라도 정해진 범위대로 공부해나가면 된다. 충실히 공부한 하루하루가 모여 일주일이 되고, 그런 1주가 모여서 다시 한 달이 되고, 한 달 한 달이 모여 1년이 되면 충분히 전 범위를 공부할 수 있게 될 것이다.

나이나 주어진 상황이 아무리 불리하다고 생각되거나, 아무리 시험 범위가 넓고 공부할 내용이 어렵게 느껴지더라도 지레 겁먹거나 포기할 필요가 없다. 걱정할 시간에 오늘 하루를 충실히 보내라. 당장 계획을 세워 하루치의 공부를 시작해보길 바란다.

집중이 어렵다면
30분 단위로 계획하라

나에게 하루 공부 시간에 대해 많은 분이 물어보곤 한다.

"하루에 몇 시간을 공부하는 것이 좋을까요?"

"하루에 몇 시간이나 집중해서 공부해야 효과적일까요?"

이런 질문을 수도 없이 들은 내가 자신 있게 말하는 방법은 이렇다. 첫째, 공부 시간 자체에 너무 의미를 두지 말 것. 둘째, 집중해서 연속 몇 시간 동안 공부할 수 있다면 물론 더할 나위 없겠지만, 그런 집중력을 장시간 유지할 능력이나 의지가 없다면, 30분 단위의 짧은 시간으로 계획을 세우는 게 낫다는 것.

나는 오랜 세월 다양한 분야의 공부를 오래 해왔지만, 매번 고생했던 것은 바로 스트레스 같은 정신적인 부분이었다. 특히 내가 제일 하기 싫은 공부는 단순 암기 과목이었는데, 의대나 치대의 경우 암기해야 할 양이 무지막지하게 많았으니 총체적 난국이었다.

더군다나 의치대 동기들은 오히려 그런 암기 과목을 좋아하는 것처럼 몇 시간이고 집중력을 발휘하며 공부했는데, 그런 걸 보면서 '나는 왜 이렇게 못할까?' 하고 좌절하고 위축되기도 했다.

공부 내용에 대한 흥미도나 기본 실력에 따라서 공부할 때 발휘되는 집중력은 천차만별이다. 게다가 일반적으로 공부는 재미없고 어렵게 느껴지는 것이 보편적이기에 더욱 집중하기가 쉽지 않다.

집중력이 짧은 사람을 위한 30분 공부법

하지만 그렇다고 공부를 안 할 수는 없고 억지로라도 해야 했기 때문에, 나는 그냥 나의 부족한 집중력을 받아들이기로 했다. 객관적으로 파악해본 결과, 내가 단순 암기 과목에 집중력을 발휘하는 시간은 1시간이 채 안 되는 아주 짧은 시간이었다. 그래서 단 30분 만이라도 충분한 집중력을 발휘하기로 했다. 그렇게 하기 위해 의도적으로 공부에 집중하는 시간을 30분 단위로 나누었다.

30분 계획표의 예

19:00~19:30	○○ 과목 암기
19:30~19:35	휴식
19:35~20:05	□□ 과목 암기
20:05~20:15	휴식
20:15~20:45	●● 문제 풀이

암기 과목 중 특히 까다로운 과목이 있었다. 해부학이나 병리학은 영어나 라틴어투성이의 단어들을 스펠링 한 글자까지도 무조건 완벽하게 외워야 했다. 이런 극악의 난이도를 가진 암기 과목의 경우, 공부를 시작한 지 30분도 지나지 않아 집중력이 급격히 떨어졌다.

당시에는 왜 외워야 하는지도 잘 이해하지 못해서 더욱더 동기부여가 되지 않았다. 이렇게 집중이 안 되는 상황에서 시행착오를 겪으며 내가 찾은 공부 루틴이 있다.

해부학 교과서 5쪽 정도를 30분 동안 집중해서 빠르게 외운다. 그러고 나서 5~10분 정도 미리 저장해둔 예능 프로그램이나 만화책을 본다. 이런 휴식을 통해 30분 동안 집중 암기한 뇌의 과부화를 풀어주는 것이다.

나의 경우는 예능 프로나 만화책이었지만, 각자 공부 스트레스를 풀어줄 무언가를 준비해두는 것이 좋다. 예를 들자면 스마트폰으로 유튜브의 쇼츠 영상을 본다든지, 좋아하는 음악을 한 곡 듣거나 좋아하는 아이돌의 사진을 볼 수도 있다.

그렇게 5분을 쉬고 나서 다시 30분간 집중해서 공부한다. 사실 30분은 내가 집중해서 공부할 수 있었던 시간일 뿐, 개인에 따라 이 시간은 얼마든지 달라질 수 있다. 한 과목을 30분 공부한 다음 1분을 쉬고 다른 과목을 30분 공부해보는 것도 좋다. 시간을 변주해보면서 자신에게 최적화된 시간을 찾아보길 바란다.

30분 공부, 5분 휴식의 사이클

중요한 것은 억지로 책을 부여잡고 집중력 없이 무조건 오래 앉아 있기보다는, 시간을 잘게 쪼개서 그 시간만큼은 최대한 집중하는 것이다. 오랜 시간 공부를 안 했던 사람이거나 아무리 낯설고 어려운 과목을 공부하는 사람이라도 30분을 집중하는 것은 그렇게까지 어렵지 않다.

물론 처음에는 그 시간조차 어려울 수도 있다. 그렇다면 30분보다 짧아도 괜찮다. 공부를 반복하면서 시간을 조금씩 늘려볼 수 있을 것이고, 그러면 적어도 30분은 집중해서 공부할 수 있다. 30분이 지나면, 5분 내의 시간 동안 휴식을 가지자. 화장실을 다녀와도 되고, 휴대폰이나 만화책을 보거나, 아니면 잠시 딴생각을 해도 된다.

그런데 간혹 5분만 쉬려고 했는데 스스로 휴식을 멈추지 못할 수도 있다. 휴대폰을 잠시 봤다가 정신을 차려보니 30분이 지날 수도 있고, 만화책을 잠깐 보려고 했는데 너무 재미있어서 책을 덮지 못할 수도 있다.

이런 경우를 방지하기 위해 자신의 자제력을 잘 파악해야 한다. 만약 자제력이 약한 편이라면 쉬는 시간에 휴대폰이나 인터넷, 만화책보다는 스트레칭을 하거나 창문을 열고 바람을 쐬며 몸을 움직이는 게 낫다.

이러한 훈련이 반복적으로 이루어져서 체화되면, 아마 어느 순간 시간 가는 줄도 모르고 1시간, 2시간, 심지어 3시간 이상을 공부에 집중하게 될 것이다. 그 경지에 이르면 더 이상 의식적으로 준비하거나 노력할 필요 없이 당연한 듯 앉은자리에서 몰입해 최상의 집중력을 끌어낼 수 있다.

하루 공부량을
체크하라

아무리 세세하게 공부 계획을 짠다고 하더라도, 지킬 수 없다면 아무 의미가 없다. 그래서 실천 가능한 하루 공부량을 정확히 파악해보는 것이 중요하다. 하루에 정확히 어느 정도 공부량을 완벽하게 수행할 수 있는지에 대한 냉정하고도 객관적인 자기 판단은 수험 생활 전략을 짜는 데 있어서 성패를 가르는 중요한 요소라고 할 수 있다.

수험 생활 초기에는 하루 공부량이 들쭉날쭉한 경우가 많다. 이제 막 공부를 시작한 단계이다 보니 공부량을 정확히 측정하기 힘들 것이다. 공부를 시작하고 한 달쯤 넘으면 가능한 최소한의 공부량이 어느 정도 감이 잡히는데, 이를 기준으로 공부 계획을 세우면 된다.

하루 최소 공부량은 개인마다 천차만별이기 때문에 정확한 수치를 콕 집어 얘기하기는 힘들다. 초기 한 달 정도는 컨디션이 안 좋거나 사정이 생겨 공부 시간이 적더라도 최소한 어느 정도 공부할 수 있는지, 또 하루 평균 얼마나 집중할 수 있는지 공부량을 측정해보길 바란다.

공부량이 가장 적은 날을 기준으로 측정하라

이때 중요한 것은 최대 공부량을 기준으로 계획을 짜서는 안 된다는 점이다. 수험 생활은 장기 레이스이기 때문에 여러 변수가 생길 수 있다.

오랜 수험 생활로 건강이 안 좋아질 수도 있고, 의욕이 떨어지거나 슬럼프가 올 수도 있다. 일이나 결혼 생활과 병행할 경우에는 예상보다 공부를 많이 못하는 날이 꽤 생길 수 있다. 그렇기에 한 달 중 20일간 공부했을 때 그중 제일 공부량이 적었던 날을 기준으로 계획을 짜는 게 바람직하다.

최상의 시나리오는 공부를 계속해나가면서, 하루 공부량을 계속해서 늘려가는 것이다. 예를 들어 이전에는 3~4일이 걸렸던 공부량을 어느 순간 하루에 할 수 있도록 지구력을 기르는 것이 좋다. 하지만 초반에는 현실적인 공부 계획을 충실하게 수행하는 것이 무리하게 계획해놓고 실천하지 못해서 좌절하는 것보다 낫다.

시간이 지날수록 같은 학습량을 공부하는 시간이 줄어든다

한두 달 지나면서 조금씩 수행 가능한 공부량이 늘면, 하루 분량을 좀 더 늘릴 수도 있다. 또 계획을 수정하지 않더라도 복습을 통해 공부의 완성도를 높일 수도 있다.

아무리 방대한 시험 범위의 양도 그것을 1회독하는 데 걸리는 시간이 압도적으로 오래 걸리고, 2회독, 3회독으로 갈수록 그 시간은 절반 수준으로 줄어들게 된다. 그렇기에 시험을 앞두고 이미 한두 번, 심지어 서너 번 본 부분을 다시 한번 복습하는 과정은 수험 생활의 화룡점정이자, 오랜 시간 성실하게 공부한 자만이 누릴 수 있는 특권이다.

이런 시간을 통해 하루하루 성장하고 나아지는 자신을 발견하면 자신감을 얻게 될 것이다. 수험 생활을 하다 보면 내가 지금 보내는 하루하루가 헛되지 않을까 하는 두려움이 생긴다. 하지만 하루하루 실천 가능한 공부량이 느는 것을 체감하고, 긍정적인 변화를 느끼게 된다면 어느덧 두려움은 사라지게 된다.

자신 있는 과목이라도
감을 유지한다

고등학교 3학년 때 나는 공부 계획이나 시간 관리가 필요 없다고 생각했다. 그런 걸 하지 않아도 충분히 좋은 성적을 낼 수 있다고 믿고, 그저 계획 없이 닥치는 대로 많은 시간을 들여 열심히 공부했다. 이미 충분히 보고 또 봤던 내용이니 특별히 수험 계획을 세우거나 과목별 시간 분배를 하지 않아도 걱정할 필요가 없다고 생각한 것이다.

그런데 막상 수능 당일에 문제를 보니 분명 공부를 했었는데 헷갈리거나 기억이 안 나는 부분이 많아서 몹시 당황스러웠다. 아무리 자신 있는 과목이라도 미리 계획을 세워서 시간을 잘 배분해 시험 전까지 전체 범위를 빠짐없이 반복해 복습했어야 하는데, 너무나도 무계획적으로 공부했다는 걸 뒤늦게 깨달았다.

자신 있는 과목도 일주일 이상 쉬어선 안 된다

대부분의 시험이 적어도 3~4개의 과목, 많게는 5개가 넘는 과목들을 공부해야 하기에, 과목별 계획이 필요하다. 보통 시험은 한두 과목이 아닌 모든 과목을 고루 잘해야 합격할 수 있기 때문이다.

의대에 가기 위해 다시 수능 공부를 할 때는 고등학교 때의 실수를 반복하지 않기 위해 철저한 계획을 세웠다. 나에게 남은 시간은 3~4개월 정도로 짧았기에 시간 관리가 더욱 중요했다. 매일 모든 과목을 빠뜨리지 않고 시험 당일 쉬는 시간까지 반복해서 익히고 외우는 계획을 짜고 실행했다.

의대를 준비할 때 나는 계속해서 수학 과외를 해왔기 때문에 수학에서만큼은 현역 때보다 뛰어난 상태였다. 이 글을 읽는 수험생들은 저 정도의 실력이라면 수학은 따로 공부를 안 해도 된다고 생각할지 모르겠지만, 그것은 매우 위험한 생각이다.

자신 있는 과목이라고 해서 1주 이상 공부하지 않으면 감각이 떨어지고 당연히 안다고 생각한 문제에서도 실수할 수 있다. 어려운 과목을 긴 시간 공부해서 한 문제를 더 맞힌들, 누구나 다 풀 수 있는 문제를 방심해서 틀린다면, 결국 똑같이 한 문제를 틀린 것이 된다.

잘하는 과목도 소홀히 말고 다시 보자

그래서 나는 일주일 계획을 세울 때 수학 공부 계획도 절대 빼놓지 않았다. 다만 수학은 하루에 1~2시간 동안 모의고사 1회분을 풀면서 수학에 대한 감각만 유지하는 것을 목표로 했다.

수학 다음으로 자신 있는 과학탐구(물리, 화학, 생물, 지구과학)는 2주 중 하루씩 공부하는 것으로 계획했다. 14일 중 4일을 네 과목에 배분한 것이다. 자신 있는 과목이었지만 완벽하게 다져서 무조건 만점을 받는 것을 목표로 했다.

의대에서도 마찬가지였다. '예방의학'이라는 과목은 암기보다 수학적인 계산이 많아서 내가 다른 과목에 비해 학점을 상대적으로 높게 받을 수 있는 과목이었다. 그래서 1분 1초가 소중한 시험 기간에 가장 소홀하기 쉬운 과목이기도 했다. 그렇지만 예방의학을 소홀히 하면 쉽게 점수를 얻을 기회를 놓치는 것이다.

그래서 외울 게 많은 병리학이나 미생물학을 공부하는 와중에도, 예방의학을 하루에 1~2시간씩이라도 반복해서 봤다. 너무 많이 반복해서 예시로 나온 계산 문제의 숫자까지 저절로 외워져 떠오를 정도였다. 그 결과 어려워했던 병리학이나 미생물학도 어느 정도 괜찮은 성적을 거두면서, 가장 자신 있었던 예방의학에서는 다른 과목에서 아무리 열심히 공부해도 받기 힘들었던 A+를 안정적으로 받을 수 있었다.

결국 소홀히 해도 되는 과목은 없다. 방심은 금물이다. 다 아는 것 같아도 자만하지 말고 꾸준히 들여다봐야, 쉽다고 생각한 그 과목이 실전에서 배신하는 일이 없다.

자신 없는 과목에
시간을 집중한다

자신 있는 과목을 매일 1~2시간씩만 짧게 보되, 자신 없는 과목에는 더 많은 시간을 투자해야 한다. 나의 경우 2주의 공부 기간이 있다면 9~10일을 자신 없는 과목에 투자했다. 고등학교 3학년 때도 정복하지 못했고 실전에서도 실패를 맛봤던 과목이자, 대학교 4년간 실력이 더 떨어졌다고 생각했던 국어 영역에 공부 시간 대부분을 할당했다.

국어는 문학과 비문학으로 나뉘고, 문학은 다시 고전소설·현대소설·시 등으로 나뉘며 비문학은 어법·속담·시사·경제·

주간 계획표의 예

1주 차	일	월	화	수	목	금	토
가장 자신 있는 과목	매일 1~2시간						
어느 정도 자신 있는 과목	✓			✓			
자신 없는 과목		✓	✓		✓	✓	✓

2주 차	일	월	화	수	목	금	토
가장 자신 있는 과목	매일 1~2시간						
어느 정도 자신 있는 과목	✓			✓			
자신 없는 과목		✓	✓		✓	✓	✓

과학 등으로 나뉜다. 그래서 이번에는 계획을 세워 국어의 세부 카테고리별로 하루씩 배정했다.

또한 국어만 공부하다 지루할 때 즈음 하루 이틀은 사회탐구를 공부했다. 사회탐구는 서울대 의대를 포함한 대부분의 의대에서는 반영하지 않았지만, 일부 대학은 전 과목을 반영했다. 그래서 혹시나 다른 대학에 지원하는 경우가 생길 수 있기 때문에 준비했다.

이렇게 계획을 짜며 공부해도 간혹 들인 시간에 비해 진도가 안 나가거나 실력이 늘지 않는다는 생각이 드는 경우가 종종 생긴다. 그럴 때는 상황에 맞게 일부 계획을 변경하면서 최대한의 효율을 얻기 위해 노력하면 된다.

시험 당일에도 오답 노트를
손에서 놓지 마라

시험 하루 전날에는 뭘 보더라도 집중이 안 될 수 있다. 이때는 오답 노트를 보는 게 가장 좋다. 수능 시험 하루 전과 당일에 볼 수 있도록 평소에 자주 잊어버려서 반복해서 외워야만 했던 부분을 오답 노트에 모아 적도록 하자. 그리고 시험 전날 긴장감 때문에 책이 눈에 들어오지 않을 때 미리 만들어 둔 오답 노트를 처음부터 끝까지 보는 시간을 가진다.

오답 노트의 작성 방법이 따로 있는 건 아니다. 나는 A4 용지에 어렵거나 자주 틀리는 부분을 과목별로 한 줄 한 줄 써두었다. 굳이 제목을 붙이거나 형광펜을 치지도 않았다. 내가 보기 편하게 쓴 것이라 깔끔하고 체계적으로 정리된 오답 노트는 아니었지만, 적힌 내용이 무엇인지를 알아볼 수 있으면 충분하다.

예를 들어, 나는 수능 국어에서 출제자의 의도에 따라 문제를 풀지 않고 나만의 논리에 집착해서 문제를 틀리는 경우가 많았다. 그래서 국어 오답 노트에는 크게 빨간 글씨로 '출제자의 입장 〉 나의 입장'이라고 써두었다. 이걸 시험 하루 전, 혹은 국어 시험 직전에 보면서 계속 머릿속에 새겼다.

또 사회탐구에서 임진왜란이 일어났던 해가 1592년인데 자꾸 1692년으로 착각을 한다면 '임진왜란 1592년 발발'이라고 눈에 띄게 적어두기도 했다. 이런 식으로 알아볼 수만 있게 오답 노트를 편하게 작성하면 그걸로 충분하다.

잘 외워지지 않는 부분은 따로 표시해둔다

오답 노트에 적은 것 중에서도 기억이 잘 안 나거나 까다로운 부분은 따로 별표나 형광펜 등으로 표시해두고, 시험 당일 쉬는 시간에 그 부분들만 한 번씩 더 읽어보자. 이렇게 하면 시험 직전 쉬는 시간에 괜히 이전 시간 과목에 대해 생각을 하거나, 쓸데없이 긴장하는 것을 막을 수 있다.

오답 노트를 활용해 시험 전날과 시험 당일 공부한 전략은 실제 시험에서 큰 도움이 되었다. 완벽하게 준비해서 더 이상 체크하지 못한 부분이나 변수가 없다고 생각했던 과학탐구의 '물리2' 과목의 경우, 오답 노트에 여러 번 체크해두었던 어려운 개념이 거의 그대로 출제되었다.

계획한 대로 오답 노트를 통해 시험 전날과 쉬는 시간에 그 개념을 다시 봤기에 확신을 가지고 어려운 문제를 흔들림 없이 풀 수 있었다. 만약 오답 노트로 그 부분의 개념과 내용을 확인하지 않았으면, 그 문제를 풀었더라도 찜찜한 느낌을 가지고 다음 문제를 맞이했을지도 모른다.

시험 전날까지 계획하라

이렇듯 아무리 오랜 시간 공부해서 자신만만한 과목이라도 시험 직전까지 반복해서 그물망을 촘촘히 다지듯 공부해야 한다. 실제로 이 공부 방법은 시험 현장에서 큰 효과를 발휘했다. 그 결과 사회탐구 같은 암기 과목을 충분히 공부하지 않았음에도 고득점을 받을 수 있었다.

이번 시험이 첫 도전이고, 그렇기 때문에 경쟁자들에 비해 상대적으로 공부한 시간이 적고 숙련도가 낮다고 생각하는 수험생일수록 시험 전날까지 철저하게 시간 계획을 세우고, 계획에 따라 여러 과목을 적절하게 배분해서 공부하기를 바란다.

단순히 10시간을 무계획적으로 공부한 사람보다, 5시간을 공부해도 철저하게 계획을 세우고 시간을 쪼개 효율적으로 공부를 한 사람이 실제 시험에서는 더 좋은 성적을 받을 가능성이 크다.

회독을 거듭하며
완벽으로 다가가라

의사 국가고시의 공부량은 사법고시에 버금간다고 할 정도로 방대하고 외워야 할 내용이 많다. 그럴 수밖에 없는 게 내과, 외과, 소아청소년과, 산부인과, 정형외과, 신경과, 신경외과, 피부과, 재활의학과, 마취통증의학과, 흉부외과 등 20개 가까이 되는 세부 과의 모든 의학 지식을 시험 보는 게 바로 의사 국가고시이기 때문이다. 공부량이 너무나 방대하기 때문에 시험장에서 풀어야 하는 문제 수가 거의 1,000개에 육박하며, 시험도 장장 이틀에 걸쳐 본다.

대부분의 자격증 시험은 모든 과목의 평균 점수가 60~80점 이상이어야 하고, 한 과목이라도 과락이 있어서는 안 된다. 보통 과락의 기준은 40~60점이다. 그러면 두 문제 중 한 문제만 맞히면 되니 그리 어렵지 않다고 생각할 수도 있겠지만, 20개 가까운 세부 과목 중에 단 한 과목이라도 50점 이하의 성적을 받게 되면 4~6년이라는 시간과 노력이 헛수고가 된다. 이렇게 생각하면 과락의 무서움이 피부로 느껴질 것이다. 과락이라는 제도가 있다는 것만으로 어느 한 과목도 소홀히 할 수 없게 된다.

수험 기간의 3분의 1을 1회독에 투자하라

아무리 오랜 시간, 성실하게 공부해도 시험 범위가 넓고 분량이 많으면 막상 시험장에서 공부했던 내용을 잊어버리거나 헷갈릴 수밖에 없다.

그렇기 때문에 시험 날짜가 다가올수록 중요도가 높고 출제 가능성이 높은 부분을 반복해서 공부해야 한다. 이것을 가능하게 하는 것이 바로 철저한 사전 계획과 시간 관리다.

나는 동기들보다 4년이나 늦게 의대에 입학했으므로 의사 국가고시에서 떨어지면 바로 현역으로 군 생활을 해야 했기에 합격이 더욱 절실했다. 그래서 보통 100일 전후로 공부를 시작했던 동기들보다 더 이르게 약 120일 전부터 시험을 준비했다. 전략적으로 최대한 많은 과목을 시험 직전까지 보고 또 볼 수 있게 공부 계획을 짜고 시간 관리를 했다.

30세를 코앞에 두고 있었기 때문에 상대적으로 두뇌 활동도 느려진 나이였고 또 의대 실습 학생으로서 공부에 집중할 시간도 극도로 적었다. 그렇지만 무의미한 시간은 1분도 쓰지 않고, 시험 전날까지 계획표에 따라 반복하고 또 반복하며 복습에 만전을 기했다. 철저한 시간 계획과 과목의 분배 전략은 역시나 실제 시험에서 위력을 발휘했다.

회독이 거듭될수록 시간이 줄어든다

아무리 방대한 양이라도 1회독에서는 최대한 빨리, 그리고 빠짐없이 공부하는 것이 중요하다. 그렇기 때문에 전체 준비 기간의 3분의 1에 해당하는 기간에 공부할 과목들을 배분해서 빠르게 1회독을 하는 공부 계획을 세워야 한다.

시간을 어떻게 배분할지는 시험에 따라 다를 것이다. 나의 경우 '내과' 같은 과목은 중요도가 높은 데다 분량도 제일 많기 때문에 일주일 이상 시간을 배분했다. 이에 비해 성형외과나 피부과 같은 상대적으로 공부할 양과 출제 분량이 많지 않은 과목은 하루에 두 과목을 동시에 공부하기도 했다.

이처럼 시험 유형을 분석하고 계획해야 한다. 또한 공부 진행 상황이나 당일의 집중력에 따라 유연하게 계획을 변경할 필요도 있다.

내가 추천하는 건, 1회독에 전체 기간의 3분의 1을 투자하고, 2회독에는 다시 남은 기간의 3분의 1을 계획하는 것이다. 2회독, 3회독을 할수록 같은 집중력을 가지고 같은 양을 공부하더라도 그 시간은 2분의 1, 3분의 1로 줄어들게 된다. 그렇기 때문에 2회독부터는 1회독 기간보다 짧은 시간을 할애해도 충분히 목표한 계획을 달성할 수 있다.

1회독은 80~90퍼센트의 완성도를 목표로 공부해나간다. 2회독의 관건은 1회독 때 공부한 내용을 어느 정도까지 기억하고 있느냐는 것이다. 그 정도에 따라 2회독의 공부 계획과 소요 시간이 정해지고 3회독, 더 나아가 4회독까지 할 수 있을지가 정해진다.

나의 경우에는 1회독 때의 내용이 60퍼센트 정도 머릿속에 남아 있었다. 그래서 남은 80일 중 3분의 1인 25일 동안 2회독을 끝낼 계획을 세웠다. 그리고 2회독을 하는 동안 80퍼센트 정

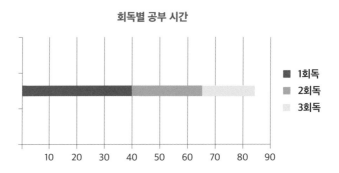

회독별 공부 시간

■ 1회독
■ 2회독
□ 3회독

10 20 30 40 50 60 70 80 90

도를 기억하는 것을 목표로 했다.

1회독 때 60퍼센트의 내용을 암기하는 데 성공했는데 겨우 20퍼센트를 더 외우는 게 그렇게 어려울까? 60퍼센트를 다시 한번 완벽하게 다지면서 거기에 추가로 20퍼센트의 내용까지 완벽하게 암기해야 하니 2회독의 기간은 오히려 60퍼센트의 암기를 위해 들였던 시간과 집중력, 그 이상을 필요로 한다.

'2회독의 위기'를 잘 넘기자

2회독을 하더라도 가끔은 기억이 안 나는 부분도 있다. 심지어 내가 이걸 보기는 했나 싶을 정도로 생소하게 느껴지는 부분이 나타나기도 한다. 그래서 1회독을 거치면서, 시험 출제 빈도가 높거나 중요한 부분들을 체크하고 표시를 해두는 게 중요하다.

수험 생활 중에 가장 힘들고 막막하게 느껴지는 순간이 바로 2회독 때인 것 같다. 머리에 남아있지 않은 시험 범위를 다시 공부하며 1회독의 성과가 그리 대단치 않다는 것을 깨닫기도 한다.

또 2회독을 하고 있지만 공부 속도나 효율이 1회독 때에 비해 그리 증가하지 않았다고 느낀다. 과연 내가 제대로 된 공부를 하고 있는지 의심하게 되기도 한다. 나 역시도 의사 국가고시 공부를 하면서 2회독을 하는 데도 많은 내용이 처음 본 것처럼 생소해서 절망감이 들기도 했다.

하지만 지금 당장은 큰 효과가 없어 보이더라도 하루하루 흔들림 없이 이어가다 보면 성과는 나타난다. 그런 경험과 훈련을 통해 계획과 시간 관리에 대한 믿음과 자신감이 생긴다. 그러므로 특히 2회독 과정에서 의구심과 절망감이 들더라도 꾸준하게 공부하는 마음가짐이 필요하다.

장기 기억으로 저장하려면
휴식도 계획하라

의사 국가고시를 준비하면서 약 70일 동안 1회독과 2회독을 끝
내고 나니 공부에 대한 열의도 떨어지고 집중력도 바닥 나기 시
작했다. 나도 사람인지라 2회독을 했으니, 조금은 쉬고 싶다는
생각이 들었다. 그래서 주말에는 평소 좋아했던 스포츠 경기를
보거나 게임을 하고, 만화책을 보며 휴식하는 시간을 가졌다.

이처럼 2회독까지 무사히 끝냈다면 작은 보상을 주는 시간
도 필요하다. 운동선수의 경우 힘들게 운동한 시간뿐 아니라,
휴식을 취한 시간 역시 운동의 일부라고 생각한다고 한다. 공

부도 에너지와 산소를 소모하며 뇌를 쓰는 '일종의 운동'이라고 생각하면 휴식의 시간은 공부 시간만큼 중요하다.

짧지만 소중한 휴식과 재충전의 시간을 보내고 나면 다시 힘을 내서 회독을 거듭할 수 있다. 나도 그렇게 휴식과 재충전의 시간을 보낸 후 남은 힘을 짜내어 남은 50일간 3, 4회독을 하며 방대한 시험 범위를 마지막까지 샅샅이 훑고 암기할 수 있었다.

수험 공부는 무조건 지속 가능해야 한다

간혹 합격 수기를 보면 자는 시간 빼고 내내 책을 손에서 놓지 않았다든지, 밥을 먹으면서도 책을 봤다는 얘기가 있다. 그런데 이는 그만큼 열심히 했다는 의미이지, 그걸 실제로 수험 생활에 적용하라는 얘기는 아니다.

특히 요새 처러지는 대부분의 시험은 적어도 몇 개월에서 길게는 1년간의 준비 시간이 주어진다. 그러니 수면이나 식사, 최소한의 휴식 시간까지 배제해서는 안 된다. 급한 마음과 열의는 이해하지만, 수험 생활을 시험 전날 벼락치기 하듯이 하루 이틀 공부할 건 아니지 않은가? 지속 가능한 공부가 중요하다.

적절한 수면 시간과 식사 시간, 그리고 에너지를 재충전할 휴식 시간은 꼭 충분히 보장되어야 한다.

매일매일 엄청난 공부량이 주어져서 복습만으로도 24시간이 금방 지나갔던 의대 시절에도, 나는 적어도 6~7시간의 수면은 지켰다. 그래야 그날 열심히 외웠던 내용 중 적어도 80퍼센트 이상이 다음 날 기억났기 때문이다. 수면 시간이 5시간 이하로 줄면, 그 전날 아무리 열심히 외워도 공부한 내용의 50퍼센트도 제대로 기억이 나지 않았다.

충분히 자야 장기 기억으로 저장된다

왜 전날 적게 자면 충분히 수면을 취할 때보다 기억력이 떨어질까? 우리의 뇌는 그날 배운 단기 기억을 장기 기억으로 저장하기 위해 수면 시간을 이용한다. 충분한 수면 시간이 주어지지 않으면 수면의 깊은 단계에 도달하지 못하므로 아무리 열심히 공부를 했더라도 장기 기억으로 전환되지 않는다. 이처럼 수면은 그날 공부한 내용을 단기 기억에서 장기 기억으로 전환하는 중요한 시간이다.

공부 경험이 쌓이고 노하우가 생길수록 공부에 들이는 물리적인 시간이 생각보다 중요하지 않음을 알게 된다. 단 한 시간을 공부해도 충분한 집중을 통해 그날 할 공부를 다 할 수도 있고, 10시간 이상을 공부해도 다른 날 3~4시간 공부한 만큼도 진도를 나가지 못할 때도 있다. 이 차이는 예상했겠지만, 바로 집중력이다. 짧은 순간에도 폭발적으로 몰입하는 집중력을 키우려면 충분한 수면과 휴식이 필수이다.

전날 밤을 새웠거나 몸 상태가 안 좋다면 당연히 집중력을 발휘하기 힘들다. 정신적으로 잡생각이 많거나 스트레스가 심해도 집중하기 힘들다. 그래서 수험 생활을 시작하는 초기 단계에서부터 신체적, 정신적 건강에 유의해야 한다.

계획대로 공부가 진행되지 않을 때
스스로 점검하는 법

수험 공부는 인생처럼 실전이다. 아무리 철저한 공부 계획과 시간 관리를 세우더라도 온갖 변수와 장애물이 나타나고, 공부 계획은 절대 계획대로 진행되지 않는다. 희망찬 계획을 가지고 수험 생활을 시작한 수험생들도 계획대로 되지 않는 상황에서 쉽게 좌절하고 현실의 벽을 느끼곤 한다. 그렇다면 계획대로 수험 생활이 진행되지 않을 때는 어떻게 대처할 수 있을까?

나도 다른 수험생들과 별반 다르지 않았다. 세 번의 수험 생활 동안 처음에 계획했던 대로 공부 과정이나 수험 생활이 순

탄하게 풀린 적은 단언컨대 단 한 번도 없었다.

그 장애물은 공부 자체인 경우도 있었지만, 인간관계, 건강 상태, 심지어 집안의 가족 문제까지, 대부분 내가 통제하기 힘든 문제들이었다. 세상에는 우리 의지로 되지 않는 일이 더 많으니까 수험 생활에 있어서도 이런 일들이 나타나는 것은 어쩔 수 없다. 어쩌면 너무나도 당연한 일이다.

장애물은 반드시 나타난다

중요한 것은 계획이 어긋나는 상황 자체가 아니라, 이러한 상황에 어떻게 대처하는가 하는 것이다. 장애물은 무조건 나타난다고 생각하는 편이 낫다. 이로 인해 계획이 어긋났다고 좌절하고 슬퍼할 게 아니라, 장애물을 어떻게 슬기롭게 극복할지 고민해야 한다.

모든 시험에는 범위가 있고, 반복해서 보면서 완벽을 기해야 한다. 그렇기 때문에 계획대로 진도가 나가지 않을 경우, 일단 시험 전까지 내가 시험 범위를 몇 번이나 반복해서 볼 수 있을지 체크하는 것이 좋다.

예를 들어 애초에 짜놓은 계획으로는 시험 범위를 네 번 이상 반복을 할 수 있었지만, 공부를 하다 보니 시험 범위가 방대한 것에 비해 공부량이 예상보다 적어서 최대 세 번밖에 반복하지 못할 것으로 계산이 되었다면 그에 맞게 공부 계획을 수정해야 한다.

보는 횟수가 줄어든 만큼, 한번 볼 때 좀 더 시간을 들이고 문제 풀이를 병행하면서 완성도를 높이는 전략을 세울 수도 있다. 시험 범위가 너무 많다면, 출제 빈도가 낮은 부분은 2회독까지만 하고, 3회독부터는 그 부분의 공부를 과감히 생략해서 속도를 높일 수도 있다.

너무 어려운 부분은 과감히 건너뛰자

특정 과목의 내용이 생각보다 어렵거나 이해가 잘되지 않는 경우, 그 부분을 공부하느라 지나치게 긴 시간을 허비해서 계획이 어긋나버리는 경우도 더러 있다.

이 경우에는 과감하게 어려운 부분을 건너뛰는 전략이 필요하다. 시험 범위를 샅샅이 다 공부하려는 욕심은 현실적으로 무리일 때가 많다. 그래서 상황에 따라서는 어렵고 시간이 오래 걸리는 부분을 과감히 건너뛰어야 한다. 중요하지 않고 출제 빈도가 낮은 부분이라면 당연히 건너뛸 수 있고, 심지어 중요하고 출제 빈도가 높은 부분이라도 지나치게 긴 시간을 써야 할 것 같으면 일단 표시만 해두고 넘어가자.

긴 시간을 들여 이해해서 한 문제를 맞추는 것보다 짧은 시간에 금방 이해되는 문제를 맞추는 것이 더 효율적이다. 그러니 긴 시간이 걸리는 문제를 풀 시간에 좀 쉬운 문제를 여러 개 푸는 게 낫다. 다만 표시를 해두는 이유는 나중에 혹시 시간이 남으면 다시 보기 위해서다.

이렇게 1~2회독을 끝낸 후 시간이 남는다면, 그때 비로소 어려워서 체크만 하고 넘어갔던 부분을 공부하는 것이 좋다. 시험을 볼 때는 한 문제도 포기하지 않는 게 당연히 더 좋기 때문이다.

그런데 신기하게도 처음 봤을 때와 달리, 공부하는 내용들이 금방 이해가 되거나, 생각보다 쉽게 외워지는 경험을 할지도 모른다. 자기도 모르는 사이에 1~2회독을 하면서 독해 능력과 암기, 이해 능력이 향상되었을 가능성이 높기 때문이다.

D-100 수험 공부 전략

D-100	1회독을 시작하는 기간. 단 D-60까지 1회독을 완료할 수 있는지 계속해서 체크해야 한다.
D-90	90일 전후의 시간에는 공부에 대한 집중력과 공부 효율이 최고가 되어야 한다. 이 시기에도 공부 집중력이 떨어지고 효율이 오르지 않는다면 공부하는 방법이나 공부 시간대 등을 바꾸려는 노력이 필요하다.
D-70	이때는 사실상 1회독이 종료되어, 공부 범위 중 어느 범위가 기억이 잘 안나고 어려운지, 모의고사를 통해 점수가 잘 안 나오는 취약 부분인지 체크해야 한다.
D-60	이제 1회독을 완료하고 취약 부분부터 2회독을 빠르게 들어가야 하는 시점이다. 2회독을 할 때는 전체 내용을 샅샅이 보려는 생각보다 출제 빈도가 잦고 중요한 부분, 그리고 1회독하면서 암기가 잘 안 되고 어렵고 점수가 잘 안 나왔던 부분부터 빠르게 공부한다. 2회독 시간은 한 달 전후면 충분하다.
D-50	2회독을 진행하면서 어렵게 느껴지고 여전히 외워지지 않는 부분에 다시 한번 중요 표시를 한다. 이런 부분들을 3회독 이상 시에 중점적으로 보고, 시험 직전에 한 번씩 다시 본다. 이 시기쯤부터 나만의 오답 노트를 만들기 시작하는 것이 좋다. 시험 1~2주 전에 최종적으로 점검을 하고 복습할 때 오답 노트가 큰 역할을 한다.
D-40	2회독이 거의 마무리되는 시점. 이때부터 수험생 커뮤니티나 강사들로부터 이번 시험에 대한 여러 정보(어느 부분에서 출제가 유력하다, 어느 부분은 출제 가능성이 낮다 등)가 돌기 시작할 것이다. 이런 정보에 너무 민감할 필요는 없지만, 정보가 도는 부분을 한번씩 체크해도 좋다.
D-30	이때가 되면 2회독이 완료되어 시험에 대한 자신감과 불안감이 공존한다. 2회독을 통해 적어도 중요하고 출제 빈도가 많은 부분은 정확히 맞힐 수 있겠다는 자신감을 가지되, 동시에 적당한 긴장감을 놓지 않아야 방심하지 않고 마지막까지 철저하게 공부할 수 있다.

D-20	시험이 3주 앞으로 다가온 시점. 이때부터는 3회독 이상을 통해 그동안 공부한 내용을 점검하면서 실전에서 마주할 변수들(몸이 안 좋거나, 시간에 쫓기거나, 어려운 문제가 풀리지 않는 등)을 시뮬레이션해본다. 예를 들어, 계산이 복잡하고 어려워서 3회독 이상을 하는데도 여전히 자주 틀리는 부분의 경우, 실전에서도 계산이 어렵고 헷갈리면 과감히 이 문제를 버리겠다고 미리 생각해두면, 시험장에서 그런 상황을 마주하게 되었을 때 당황하지 않고 시간을 아낄 수 있다.
D-10	이제부터는 슬슬 신체 리듬을 시험 시간과 맞추는 것이 좋다. 밤늦게까지 공부하는 신체 리듬에 익숙하다면, 조금씩 기상 시간을 당기면서 시험 날 컨디션을 최상으로 맞춰나간다. 또한 이 시기에는 시험에 대한 긴장감이 커지면서 공부 효율이 떨어지는 수험생이 많다. 책을 읽고 있어도 머릿속에 전혀 들어오지 않는다든지, 문제를 풀 때 손이 떨릴 수 있다. 이럴 때는 이미 여러 번 봐서 익숙한 학습서의 중요 표시 부분이나, 오답 노트를 반복해서 보는 게 도움이 된다. 10일이라는 짧은 시간에 어렵고 새로운 문제를 한두 문제를 더 맞추려 하기보다는 그동안 공부한 것을 최대한 완벽하게 점검해서 내가 맞출 수 있는 문제들만 정확하게 실수 없이 풀겠다는 마음가짐을 갖자.

모의고사에 휘둘리지 말고
역으로 활용하라

'이때쯤이면 이 정도는 성적이 올라야 하는데 그동안 나는 헛된 공부를 했던 것일까? 내 계획이 잘못된 건가?'

공부를 열심히 했는데, 성적이 오르지 않을 때는 별별 생각이 다 들고 불안감이 엄습한다. 일부 수험생들은 이런 불안감 때문에 갑자기 잘 짜놓은 계획을 섣불리 수정하기도 한다.

하지만 이건 그야말로 성급한 판단이다. 재수, 삼수생이 아니고서야 모의고사 때 만족할 만한 점수가 나오기는 힘들다. 어제 공부했다고 오늘 바로 실력이 향상되는 게 아니기 때문이다.

보통 점수와 실력은 계단식으로 오르게 된다. 하지만 이런 사실을 간과하고 공부하는 중간에, 심지어 공부한 지 얼마 되지도 않은 사람이 성적이 안 오른다고 하소연을 하는 경우가 많다.

연습일 뿐인 모의고사 점수에 지나치게 연연하지 마라. 실제 시험이 아니라 모의고사가 목표인 것처럼 공부를 하다가 정작 실제 시험에 대한 준비는 소홀히 하는 경우도 있다. 전형적으로 숲을 보지 못하고 나무만 보는 경우다. 말도 안 되는 낮은 점수가 아니라면 모의고사 점수는 실제 시험 점수랑은 별개라는 점을 꼭 명심하길 바란다.

어느 시기든 열심히 공부하고 실력이 늘고 있더라도 모의고사 성적이 생각보다 낮게 나올 수 있으니 당황하지 말자.

모의고사는 연습일 뿐, 흔들리지 말자

나도 처음 수능을 준비했던 고등학교 3학년 시절에는 모의고사 점수에 일희일비했다. 그러고는 정작 수능 때 모의고사 때만큼의 실력을 발휘하지 못했다.

사실 모의고사는 본 시험이 가까워질수록 대부분 문제가 쉬워지기 마련이다. 시간이 얼마 남지 않은 수험생들에게 자신감을 고취하려는 의도가 있기도 하고, 대부분의 모의고사가 거의 동일한 형식을 띠고 있기에 여러 번 모의고사를 치며 익숙해지다 보니 간혹 실제 실력 이상의 점수가 나오기도 한다.

나도 모의고사 때 받은 좋은 점수에 안심한 나머지, 정작 수능을 한두 달 앞두고 더 이상 공부를 열심히 할 필요가 없다고 방심했다. 이러한 방심 때문에 마지막으로 오답 노트 정리를 하고 모자란 부분을 냉정히 체크할 시간을 허송세월하는 우를 범했다.

이를 반면교사로 삼아, 다시 수능을 준비할 때는 수능 한두 달 전의 모의고사에서 오히려 형편없는 점수가 나왔음에도 결코 절망하거나 당황하지 않았다. 모의고사를 수능을 준비하기 위한 연습으로 여겼기 때문이다. 이렇듯 모의고사 점수에 상관없이 흔들리지 않고 과거의 경험을 되새기면서 성실하게 계획대로 수능 시험을 준비한 결과, 고3 때보다도 더 우수한 성적을 거둘 수 있었다.

모의고사 점수가 안 나온다고 할지라도, 내 공부 계획이 어긋나거나 틀어진 건 아니다. 오히려 모의고사 때 성적이 안 나오는 경험을 토대로, 현재 내가 부족한 부분이나 모자란 부분을 다시 한번 체크하고 점검할 기회로 삼아야 한다. 합격할 만한 점수가 모의고사 때 나오지 않는다고 해서, 맘이 조급해져서 긴 수험 생활의 공부 계획을 급하게 변경하거나, 학습 리듬을 흐트러뜨리는 일이 없도록 주의해야 한다.

아는 것을 틀리지 않는 연습을 하라

모의고사는 말 그대로, 똑같은 시간에 여러 과목의 문제를 풀어봄으로써 본 시험을 대비하는 과정이다. 그래서 모의고사는 점수와는 별개로 적절한 중간 점검 타이밍이 될 수 있다.

시험의 전 범위를 과연 계획대로 공부하고 있는지, 본고사에 앞서서 마음 준비가 어느 정도까지 되어 있는지를 점검하는데 모의고사를 이용해야 한다. 따라서 모의고사를 볼 때는 가급적 실제 시험과 동일한 시간과 순서로 연습을 하는 것이 좋다. 이것만으로도 지금까지 한 공부를 점검하는 나침반 역할을 해준다.

수험생에 따라서는 모의고사에 출제된 시험 범위까지 아직 미처 공부를 못한 사람도 있을 수 있다. 이렇게 공부하지 못한 시험 범위의 문제는 모의고사 때 틀려도 괜찮다. 계획대로 전 범위를 공부하고 나면 본고사 때는 충분히 맞힐 수 있을 것이기 때문이다.

대신 공부했던 범위에서 출제되었는데도 막상 풀기가 어렵거나 실수를 했다면 다시 한번 그 부분을 철저하게 점검해야 한다. 그리고 다시 틀리거나 실수하지 않도록 오답 노트에 기록해두고 두고두고 봐야 한다.

이것이 모의고사를 통해 얻을 수 있는 가장 필요한 정보일 것이다. 따라서 모의고사를 통해 나의 모자란 점들을 정확하게 점검해서 기록해두고, 이 부분들을 2회독을 할 때 조금 더 집중해서 공부하면 좋다.

결국 합격과 불합격의 성패를 가르는 것은 공부하지 않은 범위에서 나온 문제가 아니라, 이미 공부한 부분에서 나온 문제를 실수나 준비 부족으로 틀리는 것임을 명심해서 모의고사를 잘 활용하길 바란다.

4장

아웃풋 암기법

불가능한 암기량을 정복하는

4단계 암기의 기술

20년에 걸친
암기와의 전쟁

사실 공부의 대부분은 암기다. 수학이나 물리 같은 일부 과목을 제외하면, 아니 이런 과목에서도 심지어 꽤 많은 부분은 알고 보면 암기할 내용들이 꽤 많다. 더군다나 수능 문제 수준에서의 수학은 결국 암기로 어느 정도 점수를 낼 수 있기도 하다. 자격증 시험이건, 토익과 같은 영어 시험이건 어떤 종류의 시험이든지 간에 소위 말해 암기를 잘할수록 좋은 성적을 얻게 되는 것은 당연한 사실이다.

그러나 누구나 암기를 힘들어한다. 특히 방대하고 복잡한 부분을 외워야 하면 아무리 외우고 또 외워도, 잊어버리는 양이 많기 때문에 어려움을 느끼게 된다. 대부분 머릿속 암기량은 정해져 있는데 그 몇 배나 되는 양을 외워야 하는 현실 앞에서 좌절하게 된다. 심지어 머리가 나쁜 탓이라고 자책하기도 한다.

나도 타고난 암기력을 가지고 있지 않았다. 아니, 정확히 말하면 오히려 그 반대에 가깝다. 논리적으로 사고하는 능력은 상대적으로 어느 정도 타고났지만, 많은 내용을 정확하게 외우는 암기력은 다른 사람과 비교하면 하위권에 가까웠다고 생각한다.

그래서 처음으로 암기 과목을 진지하게 공부하기 시작했던 초등학교 무렵에는 교과서가 너덜너덜해지도록 반복해서 보고, 하도 줄을 그어서 책 전체가 시꺼멓게 변할 정도였다. 공부를 잘하는 친구들은 두세 번 읽으면 외울 내용도, 나는 다섯 번 이상은 봐야 겨우 외우는 수준이었다.

이렇게 고통스러운 시간을 거치면서 나름의 암기법을 터득했지만, 의대 시절에는 너무나 짧은 기간 동안 많은 양을 공부해야 되었기에 그 방법조차 제대로 통하지 않곤 했다. 그래서 암기할 양의 절반도 채 외우지 못하고 시험을 치른 적도 많았다. 이러한 암기와의 고군분투는 다시 입학한 치대 공부에서도 계속되었다.

의사 국가고시의 방대한 암기량을 정복한 방법

의대와 치대 시절을 거치며 거의 20년 동안 치른 암기와의 전쟁을 통해 나만의 암기 노하우와 프로세스를 정립하게 되었다. 내가 말하는 암기법이 완벽하다고 말할 순 없겠지만, 의대와 치대를 중간 이상의 성적으로 졸업하고 국가고시도 상위 30퍼센트 이내에 드는 성적으로 합격할 만큼의 성과는 낼 수 있었다.

가장 방대한 양을 공부해야 했던 의사 국가고시의 경우 다 합쳐서 수천 쪽 분량의 자습서 20권 정도가 '최소한'의 시험 범위였다. 한 번 샅샅이 읽는 1회독으로는 합격하기 위한 점수를 획득하기에 턱도 없었다. 적어도 3~4회독 정도는 해야 합격할 가능성이 90퍼센트 정도 되었다.

나는 두 달에 걸쳐서 1회독을 마쳤는데, 2회독을 시작하는 순간 대부분의 내용들이 마치 처음 보는 것처럼 생소했다. 1회독 때 아무리 정성을 들여서 읽고 외웠어도, 두 번째 볼 때는 내가 강조한다고 밑줄을 그은 부분조차 낯설었다. 이렇다 보니 불합격에 대한 두려움으로 인해 극도의 조바심과 불안감이 몰려오곤 했다. 20년 가까이 공부를 하면서 난생처음 느껴본 막막함이었다.

게다가 2회독을 시작할 무렵 의사 국가고시 시험은 겨우 두

달여밖에 남지 않은 상황이었다. 하지만 결국은 무수한 시행착오를 통해 남은 기간 동안 3.5회독을 하고, 100점 만점에 평균 82점을 받아 상위 20퍼센트에 드는 성적으로 합격할 수 있었다. 그 방법을 지금부터 공유하고자 한다.

이 암기법은 타고난 암기력이 좋지 않아도 효율을 최대화하는 4단계 암기법이다. 앞서 강조했듯 내 방법이 모든 사람에게 맞을 거라고 생각하지 않는다. 내 방법을 한번 시도해보면서 자신에게 맞게 적용해보길 바란다.

효율을 높이는 4단계 암기법

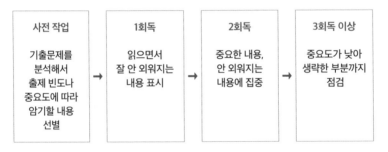

암기할 내용을 선별하라

첫 장부터 모든 것을 외우겠다고 무작정 달려드는 사람을 본적이 있을 것이다. 열정이 넘쳐서 모든 내용을 완벽하게 배우겠다고 생각하는 건 좋지만, 대부분의 사람은 중간에 지쳐 떨어져 나간다. 그럴 수밖에 없는 게 인간이 인공지능처럼 일정한 속도로 모든 정보를 기억할 순 없기 때문이다. 갈수록 집중력과 체력이 떨어지고, 무엇보다 기억할 수 있는 양은 정해져 있어서 시험 범위의 모든 내용을 다 외우다가는 얼마 못 가 한도가 금방 초과되어 버린다.

그렇기 때문에 다짜고짜 모든 내용을 무작정 외우면 안 된다. 엄청난 암기량 앞에서 우리는 제한된 에너지와 기억력을 효율적으로 사용해야 한다. 더군다나 그 모든 게 시험에 다 나오는 것도 아니다. 어떤 일에든 우선순위가 있다. 그걸 잘 이용하면 훨씬 더 쉽게 효율적으로 외울 수 있다.

효율을 높이는 암기의 밑 작업

김밥집에 가면 김밥 재료가 가지런하게 정리되어 각각의 통에 담겨 있는 것을 볼 수 있다. 미리 김밥 재료의 밑 작업을 해놓는 것이다. 재료를 한꺼번에 담아도 상관없을텐데, 왜 그렇게 해놓을까? 주문이 들어오면 빠르게 김밥을 말아 손님에게 내놓기 위해서다. 시험 범위 암기를 할 때도 이와 유사한 '암기의 밑 작업'이 필요하다.

그렇다면 암기의 밑 작업은 무엇일까? 김밥집에서 김밥 재료를 분류해놓듯이, 암기 대상을 선별하는 작업을 하는 것이다. 암기를 시작하기 전에 '무엇을 외워야 할까'에 대한 명확한 정리가 필요하다. 나도 초기에는 무턱대고 책에 있는 조사 하나까지도 다 외웠다. 말 그대로 무식하게 닥치는 대로 암기했다.

그러다 조금씩 경험이 쌓이면서 시험에 무조건 나올 부분과 시험에 나올 가능성이 낮은 부분을 분간할 수 있게 되었다. 이렇게 출제의 중요도로 내용을 분류하고 나니, 그동안 얼마나 비효율적으로 암기했는지 깨달았다. 시험에 나올 가능성이 높은 내용과 그렇지 않은 내용에 똑같은 에너지를 쏟아부었으니 효율, 즉 성적이 잘 안 나오는 것은 당연한 일이었다.

암기에 반복은 필수다. 하지만 똑같은 경중으로 모든 내용을 암기해서는 효율이 안 나오고, 공부는 더 어렵고 지루해지기만 할 뿐이다. 그럼 시험 출제의 중요도를 어떻게 분별할 수 있을까? 우리에게는 너무 좋은 지름길이 있다. 바로 그동안 실제로 출제된 기출문제에서 힌트를 얻을 수 있다.

기출문제를 활용해 중요도를 판별하라

어떤 시험에건 기출문제는 존재한다. 수능의 경우 20년이 넘는 긴 시간 동안 출제된 수많은 기출문제가 있다. 각종 자격증 시험이나 국가고시 시험에도, 이전에 출제되었던 기출문제가 빼곡하게 정리되어 있을 것이다. 암기할 양이 많은 시험일수록, 그리고 과목 수가 여러 개인 시험일수록 그 방대한 양을 무작정 외우기 전에 기출문제를 분석해야 한다. 시간이 좀 걸리더라도 이건 매우 중요한 작업이다. 이런 전략은 시험 범위의 양이 방대할수록 공부의 효율을 극대화한다.

대부분의 시험에는 공부해야 할 내용이 정리된 학습서가 있을 것이다. 그 자습서들은 적게는 3~4권에서, 많게는 10권이 넘는 시험 과목으로 나뉘어져 있다. 기출문제를 자세하게 분석해서 시험에 자주 나오는 부분과 나오지 않는 부분을 파악하고 자습서에 명확하게 표시해두어야 한다.

자주 출제되는 파트는 형광펜이나 빨간색 펜 등으로 눈에 잘 보이게끔 표시해두자. 자주 출제되는 파트에서도 유독 많이 출제되거나 문제의 보기 등으로 자주 나오는 단어나 문장은 추가로 다른 색깔의 펜이나 별표 등으로 강조해두도록 하자.

더 나아가 출제 빈도가 낮더라도 단 한두 번이라도 출제된 부분과 단 한 번도 출제되지 않은 부분을 서로 다른 색깔의 펜으로 표시한다. 시험 범위가 방대할수록, 그리고 시험 일자가 다가올수록 확실히 버려야 할 부분을 정하는 것도 필요하기 때문이다. 단 한 번도 출제되지 않은 부분은 시간이 부족하다고 판단될 때는 과감히 버려야 할 수 있다. 반면 시간이 허락한다면 한 번쯤 훑어볼 수 있을 것이다.

오른쪽은 의사 국가고시를 앞두고 내가 공부한 책으로, 주

출제 빈도별로 형광펜의 색을 구분한 예

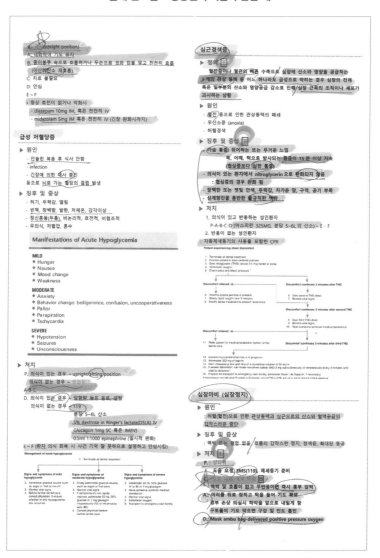

A: (upright position)
A-대화하여 기도 유지
B: 줍이봉투 속으로 호흡하거나 두손으로 코와 입을 막고 천천히 호흡
(이산화탄소 재흡흡)
C: 치료 불필요
D: 안심
E - F
- 증상 호전이 없거나 악화시
- diazepam 10mg IM, 혹은 천천히 IV
- midazolam 5mg IM 혹은 천천히 IV (긴장 완화시까지)

급성 저혈당증

▶ 원인
- 인슐린 복용 후 식사 안함
- infection
- 긴장에 의한 대사 증진
등으로 뇌로 가는 혈당의 결핍 발생

▶ 징후 및 증상
- 허기, 무력감, 떨림
- 빈맥, 창백함, 발한, 저채온, 감각이상
- 정신흥분(동통), 비논리적, 호전적, 비협조적
- 무의식, 저혈압, 혼수

Manifestations of Acute Hypoglycemia

MILD
* Hunger
* Nausea
* Mood change
* Weakness

MODERATE
* Anxiety
* Behavior change: belligerence, confusion, uncooperativeness
* Pallor
* Perspiration
* Tachycardia

SEVERE
* Hypotension
* Seizures
* Unconsciousness

▶ 처치
P. 의식이 있는 경우 - upright sitting position
의식이 없는 경우 - 앙와위
A-B-C
D. 의식이 있는 경우 - 말랑한 농후 음료, 설탕
의식이 없는 경우 - 119
분당 5~6L 산소
5% dextrose in Ringer's lactate(D5LR) IV
Glucagon 1mg SC 혹은 IM(IV)
0.5ml 1:1000 epinephrine (일시적 완화)
E - F (환자 의식 회복 시 사건 기억 잘 못하므로 설명하고 안심시킴)

심근경색증

▶ 정의
혈전증이나 혈관의 빠른 수축으로 심장에 산소와 영양을 공급하는
3개의 관상 동맥 중 어느 하나라도 급성으로 막히는 경우 심장의 전체
혹은 일부분의 산소와 영양공급 감소로 인해 심장 근육의 조직이나 세포가
괴사하는 상황

▶ 원인
- 혈전 등으로 인한 관상동맥의 폐쇄
- 무산소증 (anoxia)
- 허혈성색

▶ 징후 및 증상
- 가슴 통증 쥐어짜는 또는 무거운 느낌
목, 어깨, 턱으로 방사되는 통증이 15분 이상 지속
(협심증보다 심한 통증)
- 의식이 있는 환자에서 nitroglycerin으로 완화되지 않음
: 협심증의 경우 완화 됨
- 창백한 또는 잿빛 안색, 무력감, 차가운 땀, 구역, 공기 부족
- 실제감진을 동반한 혈규직한 맥박

▶ 처치
1. 의식이 있고 반응하는 성인환자
P-A-B-C-D (아스피린 325MG, 분당 5~6L의 산소) - E - F
2. 반응이 없는 성인환자
: 자동제세동기의 사용을 포함한 CPR

심장마비 (심장정지)

▶ 원인
: 허혈(혈전)으로 인한 관상동맥과 심근으로의 산소와 혈액공급의
갑작스러운 중단

▶ 징후 및 증상
: 맥박 또는 혈압 없음, 호흡의 갑작스런 정지, 청색증, 확대된 동공

▶ 처치
P.: 앙와위
도움 요청, EMS(119), 제세동기 준비
- 맥박 및 호흡이 없고 무반응이면 즉시 흉부 압박
A: 머리를 뒤로 젖히고 턱을 들어 기도 확보
경부 손상 의심시 하악을 앞으로 내밀게 함
구토로써 기도 막으면 구강 및 인도 흡인
D: Mask ambu bag-delivered positive pressure oxygen

131

황색은 3회 이상 출제된 부분들, 분홍색은 5회 이상 출제된 부분들, 별표는 잘 외워지지 않는 부분을 표시한 것이다. 이렇게 중요도에 따라 구분해서 표시를 해두면, 시험 직전이나 시간이 없는 3회독 이후에 주황색과 분홍색 그리고 별표를 친 부분들만 빠르게 읽으며 공부의 효율을 최대한 끌어올릴 수 있다.

밑 작업은 꽤 지루하고 오래 걸릴 수 있다. 하지만 이러한 암기의 밑 작업을 수험 생활 초기, 특히 1회독 이전에 완료한다면, 그 후에는 이때 들인 시간의 몇 배를 절약할 수 있다.

1회독을 하면서 안 외워지는 부분을 표시하라

앞서 설명한 사전 작업을 마치고 나면 이제는 본격적으로 공부할 차례다. 1회독 때는 어쩔 수 없이 물리적인 시간이 필요하다. 어쨌든 모든 내용을 한 번은 읽기는 해야 하기 때문이다. 밑작업을 통해 출제 빈도가 높은 내용과 낮은 내용, 그리고 아예 출제되지 않은 내용을 구분해놓았는데, 이중 아예 출제되지 않은 내용만 제외하고 모든 내용을 정독해서 봐야 한다.

이때 공부하면서 어렵거나 잘 안 외워지는 부분을 학습서에 반드시 표시해야 한다. 바로 이것을 하기 위해 1회독 때 시간과

정성을 들여서 굳이 전체 내용을 다 본다고 해도 과언이 아니다.

1회독의 과정은 공부를 시작하는 수험생이라면 모두에게 힘들고 지루하게 느껴질 것이다. 하지만 1회독을 충실히 할수록 시험을 코앞에 둔 2, 3회독의 과정은 훨씬 더 수월하고 짧게 느껴진다. 1회독을 할 때가 가장 공부에 대한 체력과 열정이 있기 마련이다. 그렇기에 2, 3회독을 더욱 효율적으로 하기 위한 준비를 한다고 생각하고, 지루한 1회독의 시간을 견뎌야 한다.

회독을 거듭하면서 꼭 외워야 하는 내용을 선별해라

밑 작업 때 기출문제에서 출제된 내용을 표시하고, 1회독에서 잘 안 외워지는 부분을 표시한다. 이 과정을 거치면 출제 빈도가 높으면서 잘 안 외워지는 부분이 보일 텐데, 이 부분이 바로 가장 시간을 투자해야 하는 부분이 된다.

이렇게 두 번에 걸쳐 무슨 일이 있어도 반드시 외워야 하는 내용을 골라내 그 부분을 집중 공략하는 것이 핵심이다. 시험에 나올 확률이 높은 부분은 확실하게 공부하고 실전에서도 맞추도록 하는 것, 그것이 바로 고득점과 합격을 위한 지름길이라고 할 수 있다.

이렇게 하면 시험일이 가까워 왔을 때 1, 2회독 때 표시해둔 것만 빠르게 훑으면서 공부해도 충분히 합격률을 높일 수 있다. 나 역시도 의사 국가고시를 준비할 때 이런 방법을 사용했더니, 2회독 때 걸린 시간이 1회독의 절반도 걸리지 않았다. 3회독은 심지어 그 절반인 4분의 1이 아니라 8분의 1밖에 걸리지 않았다.

공부에 들이는 시간은 줄어들었지만, 오히려 더 많은 내용을 정확하고 효과적으로 암기할 수 있게 되었고, 한 회독 동안의 공부 효율은 더 높아졌다. 이처럼 제대로 1회독이 끝나면 사실상 공부의 절반은 한 것이라고 생각해도 된다.

2회독은
선택과 집중이 필요하다

2회독을 할 때는 이미 수험 생활의 절반 이상이 지나간 상태일 것이다. 경우에 따라서는 2회독이 끝나면 바로 시험을 쳐야 할 수도 있다. 따라서 모든 내용을 보는 1회독과 달리, 2회독 이상을 할 때는 선택과 집중이 필요하다. 방대한 내용을 다 볼 시간도 없을뿐더러 그렇게 할 필요도 없기 때문이다.

앞서 암기를 시작하기 전에 출제 빈도가 높은 것을 따로 표시해두는 암기의 밑 작업을 해야 한다고 말했다. 2회독 때는 이렇게 따로 표시한 부분만 2~3번 이상 반복해서 완벽하게 익히는 것을 목표로 한다. 2회독이 끝나고 다시 봤을 때 80퍼센트 이상은 기억이 나도록 외워야 한다.

기출문제에 출제된 문제뿐 아니라 선택지로 나온 보기 문항에서 자주 나오는 부분까지 좀 더 신경을 써서 암기한다면, 사실상 그 부분은 같은 1회독을 해도 이미 3~4회독을 한 것과 같은 효과를 낼 수 있다. 신경 써서 문항까지 세세하게 암기한 부분은 아무리 잊을려고 해도 잊을 수 없을 정도로 기억이 잘 나고, 당연히 실전 시험에서 더 많은 문제를 맞힐 수 있게 될 것이다.

또한 1회독에서 잘 안 외워지는 부분도 2회독에서 집중적으로 봐야 한다. 그중에서도 특히 출제 빈도가 높으면서 몇 번을 보아도 잘 안 외워지는 부분에 집중하라.

목표는 만점이 아니라 합격이다

중요하지 않은 부분은 과감히 제쳐두라고 해도 그렇게 하지 못하는 사람이 있다. 내가 공부하지 않은 부분이 혹시라도 시험에 나올까 불안한 것이다. 그러나 우리가 목표로 하는 건 만점이 아니라 합격임을 잊어서는 안 된다. 그렇기 때문에 출제 가능성이 낮다고 판단되면 과감히 넘기고 지나가야 한다.

또한 출제 가능성이 높더라도 너무 어려워서 오랜 시간을 들여도 맞힐 확률이 낮다고 판단되면, 그 역시 과감하게 틀릴 각오를 하고 차라리 건너뛰는 것이 좋다.

분량이 방대할수록 중요한 것은 예상한 문제들을 실수 없이 맞히는 것이지 어려운 문제를 하나 더 맞히는 게 아니다. 그런 부분들까지 꼼꼼하게 공부를 해 맞춘다 해도 남들이 다 맞히는 쉬운 문제를 틀리는 것이 최악임을 명심하기 바란다.

2회독에서 낯설게 느껴져도 기억은 남아 있다

이처럼 2회독에서는 출제 빈도가 높고 안 외워지는 부분만 선택적으로 공부하지만, 대신 암기의 완성도를 높여야 한다. 경쟁자들이 대부분 맞히는 문제를 나만 틀렸을 때의 손해는 쉬운한 문제를 틀렸을 때보다 최소 두 배 이상 크기 때문이다. 출제 빈도가 높고 수험생 모두가 중요하다고 생각하는 부분은 다른 부분을 버리는 한이 있더라도 확실하게 공부해야 한다.

물론 2회독을 하다 보면 내가 표시해둔 것조차 낯설게 느껴질 수 있다. 그럴 때는 당혹스럽겠지만 절대 좌절할 필요는 없다. 1회독을 충실히 했다면 어느 정도 내용은 머릿속에 들어와 있는데 아직 장기 기억으로 단단히 전환되기에 조금 부족했을 뿐이다.

2회독을 하면서 다시 반복한다면 큰 어려움 없이 장기 기억으로 전환될 가능성이 크다. 공부했던 내용이 하나도 기억이 안 나고 공부한 시간이 무의미하게 느껴져도, 내가 들인 시간과 정성이 절대 소용 없는 게 아님을 새기고 흔들림 없이 2회독을 완료하도록 하자.

이것은 내가 경험으로 깨달은 것이다. 나도 국가고시를 준비하며 2회독을 시작할 때 1회독 내용 대부분이 새롭게 느껴지고 기억도 나지 않아서 얼마나 당황했는지 모른다. 그래도 눈앞에 닥친 시험을 포기할 수는 없었기에 중요 표시를 해둔 것들 위주로 성실하게 2회독을 해나갔다.

그러다 보니 2회독 때 처음 보는 것처럼 느껴지는 부분도 기억이 조금씩 되살아나기도 했다. 그리고 3회독을 할 때는 완벽하게는 아니더라도 대부분 기억에 남아 있었다. 이처럼 2회독에서 가장 중요한 것은 흔들리지 않고 1회독을 성실하게 수행한 과거의 자기 자신을 믿는 것이다.

4단계

3회독 이상에서는
그물망을 더 촘촘히 하라

그러면 출제 빈도가 낮은 부분은 아예 공부하지 않고 무조건 버려도 되는 걸까? 물론 아니다. 그 부분은 2회독을 충실히 하고 난 이후 3~4회독 또는 그 이상을 할 때 공부하면 된다. 2회독이 끝나고 3회독을 할 시간이 있다면, 출제 빈도와 중요도가 낮지만 버리기에는 애매한 부분까지 훑기를 권한다. 3회독은 그동안 2회독까지 선택과 집중을 위해 버린 물고기까지 다 잡을 수 있도록 그물망을 더 촘촘히 만드는 작업이다.

장기 기억으로 단단히 다져라

중요도가 낮은 부분까지 보려고 하면 2회독에 비해 긴 시간이 걸릴 것 같지만 그렇지 않다. 중요한 부분은 이미 상당히 암기되어 있기 때문에 훨씬 더 적은 시간이 걸린다. 그래서 기출 빈도가 낮거나 그다지 중요하지 않은 부분들까지 보더라도 3회독은 기존의 1, 2회독보다 훨씬 더 빠르게 볼 수 있다.

기존에 공부해온 중요한 부분은 2회독에서 80퍼센트 이상 암기되었기 때문에 그리 힘들지 않을 것이다. 다만 잠깐 방심해서 중요한 부분을 읽지 않고 지나간다면 실제 시험을 볼 때쯤에는 장기 기억에서 완전히 날아가버릴 수 있다.

그렇기 때문에 이 작업을 통해 그동안 외웠던 중요 부분이 장기 기억으로 전환되었는지를 확인하고, 더 확실하게 기억할 수 있도록 한다. 이런 작업을 3회독에서 하게 되면 시험 당일에 중요한 부분에 대한 기억이 비교적 정확하게 남아 있기에 남들이 다 맞히는 문제를 틀릴 확률이 확연히 줄어들게 된다.

시험 직전까지 4회독이 되었든, 5회독이 되었든 시간이 허락하는 한 학습서의 내용들을 최대한 많이 보는 게 당연히 좋다. 암기 위주의 시험일수록 한 번 더 본 사람이 그렇지 못한 사람보다 더 많은 문제를 맞힐 확률이 커진다.

시험을 일주일 정도 앞둔 시점이 되면 긴장감 때문에 이전처럼 집중하기 힘들 수도 있다. 특히 시험이 처음이거나 꼭 붙어야 한다고 생각하는 절실한 수험생일수록 더욱 그렇다. 긴장감 때문에 책을 읽고 있어도 그 내용이 제대로 머릿속에 들어오지 않게 될 때는 차라리 여러 번 봐서 익숙하고 중요한 내용을 매일 반복해서 보는 것이 좋다.

시험이 가까워졌을 때 쓸데없는 도전은 금물

이미 중요 부분을 충분히 공부했다고 생각해서, 익숙하지 않고 어렵게 느껴지는 부분에 도전하고 싶은 마음이 들 수 있다. 그런데 괜히 어려운 문제를 한두 문제 더 맞히겠다는 과욕을 부리면 실제 시험에서 중요한 부분이 제대로 기억나지 않거나 헷갈려서 경쟁자들 대부분이 맞추는 문제를 틀릴 수 있다. 수없이 많은 시험을 치른 나도 이러한 경험을 한 적이 있는데, 이건 정말 합격 여부에 치명적인 요인이 될 수도 있다.

사실 공부를 충실히 한 대부분의 수험생들은 이때쯤 되면 중요하다고 표시한 부분을 봐도 나머지 내용까지 머릿속에 떠오르는 상태가 되어 있을 것이다. 이제는 완벽하게 외웠다고 자

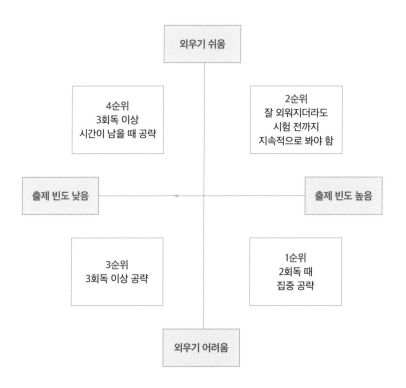

암기의 우선순위 그래프

외우기 쉬움

4순위
3회독 이상
시간이 남을 때 공략

2순위
잘 외워지더라도
시험 전까지
지속적으로 봐야 함

출제 빈도 낮음

출제 빈도 높음

3순위
3회독 이상 공략

1순위
2회독 때
집중 공략

외우기 어려움

신할지 모르겠지만, 그래도 출제 빈도가 높고 중요도가 높은 부분을 반복해서 마지막까지 공부하기를 당부한다.

이것이 가장 효율성을 높여 실전 시험을 대비하는 방법이다. 이런 과정을 통해 시험에 대한 긴장감을 떨쳐내고 시험에 대한 용기와 자신감 역시 가지게 될 것이다.

기출문제는
암기의 페이스메이커

지금까지는 암기의 주요 단계를 살펴봤다면, 이제 더 구체적으로 암기하는 방식에 대해 설명하려고 한다. 우선 명심해야 할 것은 첫술에 배부를 수는 없다는 점이다. 처음부터 완벽하게 책의 모든 내용을 암기하려고 해서는 안 된다. 그건 사진 찍듯이 내용을 기억하는 극소수의 암기 천재에게나 가능한 방법이다. 대부분의 사람들은 아무리 암기에 능숙하더라도, 한번 읽고선 토씨 하나까지 빼먹지 않고 나 기억하지 못한다.

기출문제를 활용한 4단계 암기법

우선 짧게는 1~2페이지, 길게는 4~5페이지 정도 되는 한 챕터를 속독하라. 한 페이지에 있는 4~5줄의 내용을 완벽하게 암기한 다음 페이지로 넘어가려는 사람들이 있는데, 이는 잘못된 방법이다. 보통 한 챕터 안의 내용은 흐름이 연결되고 같은 내용이 반복되기도 한다. 그래서 빠르게 쭉 읽어보면서 어느 부분이 중요하고, 어느 부분이 암기가 필요한 부분인지 큰 그림을 먼저 파악하는 게 좋다.

그다음에 암기가 꼭 필요하다고 생각되거나 강의 중에 중요하다고 표시한 부분, 그리고 기출문제에 나왔던 부분을 자기 속도에 따라 정독하며 암기를 시작한다. 이때도 암기하려고 노력하되, 모든 부분을 암기하려고 집착하면 안 된다. 단어나 문장 하나하나를 다 외우겠다고 너무 오랜 시간을 반복해서 같은 부분을 읽는 것은 효율을 떨어뜨린다. 진짜 암기는 그다음부터 본격적인 시작이다.

한 챕터를 정독한 다음에는 그 챕터에 해당하는 기출문제를 풀어본다. 우리는 이미 밑 작업을 통해 기출 빈도가 높은 문제들을 체크해놓았다. 암기한 부분의 내용이 실린 기출문제는 최소 3~4문제에서, 많게는 10개 정도가 있을 것이다. 이 문제들을 따로 정리해서 풀어보자. 문제를 풀 때는 문제뿐 아니라 문제에 있는 보기까지 정독하면서 암기하려고 노력하자.

그런 다음에는 다시 학습서로 돌아와 기출문제들을 떠올리며 다시 한번 그 챕터를 정독한다. 더 나아가 암기할 내용이 잘 정리된 기출문제가 있다면 그걸 잘라서 해당 내용 옆에 붙여두는 것도 좋은 방법이다.

이 과정을 정리해보면 다음과 같다.

1단계. 속독하며 암기한다.

2단계. 암기할 내용이 실린 기출문제나 모의고사 문제를 풀어본다.

3단계. 문제의 풀이까지 같이 읽어본다.

4단계. 다시 한번 내용으로 돌아와 암기를 다시 반복한다.

다음 그림은 국가고시 공부를 위해 정리해서 만든 학습서의 일부다. 책 오른쪽에는 콩팥 기능 검사의 여러 복잡한 수식들이 개념으로 정리돼 있다.

하지만 이 공식만 읽고 실제 기출문제에 나오는 계산 문제를 바로 푸는 것은 불가능에 가깝다. 이럴 때는 기출문제와 개념을 함께 정리히는 것이 효과적이다. 왼쪽에는 실제 기출문제와 함께 오른쪽에는 암기할 내용을 붙여놓아서 그 개념을 이용

자주 쓰는 공식을 기출문제 옆에 정리해 암기의 효율성을 높인 예

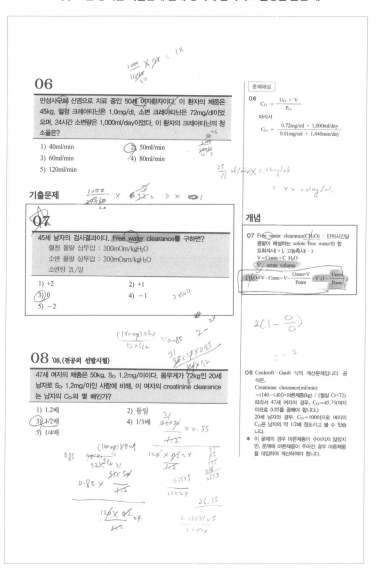

06

만성사구체 신염으로 치료 중인 50세 여자환자이다. 이 환자의 체중은 45kg, 혈청 크레아티닌은 1.0mg/dl, 소변 크레아티닌은 72mg/dl이었으며, 24시간 소변량은 1,000ml/day이었다. 이 환자의 크레아티닌의 청소율은?

1) 40ml/min
2) 50ml/min
3) 60ml/min
4) 80ml/min
5) 120ml/min

06 $C_O = \dfrac{U_O \times V}{P_O}$

따라서

$C_O = \dfrac{0.72mg/ml \times 1,000ml/day}{0.01mg/ml \times 1,440min/day}$

기출문제

07

45세 남자의 검사결과이다. Free water clearance를 구하면?

혈청 몰알 삼투압 : 300mOm/kgH₂O

소변 몰알 삼투압 : 300mOsm/kgH₂O

소변량 2L/일

1) +2
2) +1
3) 0
4) −1
5) −2

개념

07 Free water clearance(CH₂O) : 단위시간당 콩팥이 배설하는 solute free water의 합
요희석시(+), 고농축시(−)
$V = Cosm + C\ H_2O$
V : urine volume

$CH_2O = V - Cosm = V - \dfrac{Uosm \times V}{Posm}$ $V\left(1 - \dfrac{Uosm}{Posm}\right)$

08 '08.(전공의 선발시험)

47세 여자의 체중은 50kg, So 1.2mg/이이다. 몸무게가 72kg인 20세 남자로 So 1.2mg/이인 사람에 비해, 이 여자의 creatinine clearance는 남자의 Co의 몇 배인가?

1) 1.2배
2) 동일
3) 1/2배
4) 1/3배
5) 1/4배

08 Cockroft - Gault 식의 계산문제입니다. 공식은,
Creatinine clearance(ml/min)
=(140−나이)×마른체중(kg) / (혈장 Cr×72)
따라서 47세 여자의 경우, C_O=45.75(여자이므로 0.85를 곱해야 합니다.)
20세 남자의 경우, C_O=1000이므로 여자의 C_O은 남자의 약 1/2배 정도라고 할 수 있습니다.

※ 이 문제의 경우 마른체중이 주어지지 않았지만, 문제에 마른체중이 주어진 경우 마른체중을 대입하여 계산하여야 합니다.

해 실제 기출문제를 풀어봄으로써 복잡한 공식을 바로 암기할 수 있다.

정답률을 80퍼센트 이상 끌어올리는 궁극의 암기법

이렇게 4단계의 과정을 거쳐야 비로소 내용이 완벽에 가깝게 머릿속에 들어간다. 실제 기출문제를 풀면서 암기하면 기억력과 이해도가 올라갈 뿐 아니라 공부한 내용이 실제 시험에서 어떻게 출제되었는지 파악할 수 있다.

단순히 학습서에 쓰인 내용을 무작정 암기할 때보다 기출문제를 풀면서 암기하면 훨씬 더 빠르고 쉽게 외워지고 잘 잊혀지지 않는다. 아무리 암기력이 부족한 수험생이라도 이렇게 공부하면 추후 관련 문제들을 풀 확률을 80퍼센트 이상까지 끌어올릴 수 있다. 이것은 나뿐만 아니라 내 주위 동기, 선후배, 과외학생 들의 경험에서 나온 객관적인 수치다.

이런 과정을 거치며 기출문제들을 여러 번 보면, 밑 작업 때 기출문제들을 살펴본 것까지 더해져 정말 중요한 부분이 무엇인지 자연스레 알게 된다. 꼭 외워야 할 것과 버려도 괜찮은 것을 구별하는 능력이 저절로 생기는 것이다.

그러면 암기의 효율을 올리는 것은 물론, 공부 효율 역시 최대치로 끌어올리는 선순환이 일어난다. 기출문제는 암기의 속도와 효율을 높여주는 훌륭한 페이스메이커다.

무작정 외울 때는
첫 글자 따기(두음 암기법)

이제 더 세부적으로 들어가보자. 어떤 내용은 특정 방식으로 암기하는 게 더 효과적인 경우가 있는데, 그 노하우를 몇 가지 설명해보겠다. 이런 노하우는 대부분 서울대 의대를 다닐 당시에 자주 사용했는데, 이때 공부하는 양이 제일 많기도 했었고, 상대적으로 많은 양을 짧은 시간에 암기해야 했기 때문이다.

이해 없이 일단 외워야 할 때는 두음 암기법

그중 대표적인 것이 암기할 내용의 앞글자를 따서 하나의 단어나 문장을 만들어 외우는 방법이다. 의대 시험의 특성상 예를 들어 '간 수치가 오르는 대표적인 질병 다섯 가지를 써라'와 같은 주관식 문제가 많았는데, 다섯 개의 답 중에 한 가지라도 쓰지 못하면 오답 처리가 되었다.

그렇기 때문에 다섯 가지 질병의 앞글자를 따서 하나의 문장이나 단어를 만들어 더 쉽게 암기하려고 했다. 한글 혹은 영어 알파벳으로 앞글자를 따서 한 단어를 만들 수도 있고, 영어와 한글을 혼합할 수도 있다. 이 방법은 지금처럼 맥락 없이 무조건 외워야 하는 경우에 유용하다. 다음은 의대 시절 실제로 활용한 두음 암기법의 예이다. 감염병의 100개 가까운 병들을 외우기 위해 앞글자를 따서 다음과 같은 문장을 만들었다.

신증후군 출혈열/렙터스피라증/쯔쯔가무시증/라임병/류열/뎅기열/말라리아/레지오넬라즘/지라바이러스/비브리오 패혈증/부르셀라즘/후천성면역결핍증/B형간염/C형간염/일본뇌염/파상풍/중증역성/혈소판감소증후군

→ 신증후군렙터/쯔라류뎅은 말레지와 비부르를 여행하던 중 후천성BC뇌파가

이상해 혈소판 검사를 했다.

또 다른 예를 들어보겠다. 의사 국가고시에서 전염병 예방 단언에서 각종 전염병을 정확히 외우기 위해 주로 사용했던 방법이다. 1군 전염병과 표본감시 전염병을 묶어서 외우기 위해 '이장님이 파티장에서 펩시 콜라 먹고 B형 성인으로 지정되었다'라는 문장을 만들었다. 이렇게 문장을 만들어서 여러 전염병을 손쉽게 외울 수 있다.

이장님이 파티장에서 펩시 콜라 먹고 B형 성인으로 지정되었다.

→이(이질) 장(장출혈성대장균)님이 파티(파라티푸스)장(장티푸스)에서 펩시(페스트)콜라(콜레라) 먹고 B형(B형 간염) 성(성병) 인(인플루엔자)으로 지정(지정전염병)되었다.

제1군 전염병	콜레라, 페스트, 장티푸스, 파라티푸스, 세균성이질, 장출혈성대장균감염증		
제2군 전염병	디프테리아, 백일해, 파상풍, 홍역, 유행성이하선염, 풍진, 폴리오, B형간염, 일본뇌염, 수두		
제3군 전염병	말라리아, 결핵, 한센병, 성병, 성홍열, 수막구균성수막염, 레지오넬라증, 비브리오패혈증, 발진티푸스, 발진열, 쯔쯔가무시증, 렙토스피라증, 브루셀라증, 탄저, 공수병, 신증후군출혈열(유행성출혈열), 인플루엔자, 후천성면역결핍증(AIDS)		
제4군 전염병	황열, 뎅기열, 마버그열, 에볼라열, 스포리디움증, 주혈흡충증, 인플루엔자 인체감염증, 이 황달증상 또는 급성신경증	크립토, 조류, 급성	
환자 감시 대상 지정 전염병	A형간염, C형간염, 반코마이신 유극악구충증, 사상충증, 포 (vCJD)	선충증, 아쿰병	
지정 전염병	병원체 감시 대상 지정 전염병	1) 세균성 장관감염증 : 실 (ETEC), 장점습성대장균 감 클로스트리듐 퍼프린젠스 시니아 엔테로콜리티카 감염 2) 바이러스성 장관감염증 : 데노바이러스 감염증, 노로 3) 원충성 장관감염증 : 이질	감염증 균 감염, 예로 장내어

이질 / 장출혈성 대장균 / 파라티푸스 /
장티푸스 / 페스트 / 콜레라

B형간염 / 성병 / 인플루엔자 /
지정전염병

이장님이 파타장에서 펩세콜라 먹고
B형 성인으로 지정되었다

3. 표본감시전염병(시행규칙 제3조의2)

법 제7조의3(전염병발생감시)제1항 및 제4항의 규정에 의하여 표본감시의료기관이 감시하여야 하는 전염병은 다음 각호와 같다.
1) 제2군 전염병 중 B형간염
2) 제3군 전염병 중 성병 및 인플루엔자
3) 지정전염병

외워 볼까요? 가장 중요한 제군 전염병과 표본감시 전염병을 묶어서 외워봅시다.
이장님이 파타장에서 펩시콜라 먹고 B형 성인으로 지정되었다.
이(이질)장(장출혈성대장균)님이 파타(파라티푸스)장(장티푸스)에서 펩시(페스트)콜라(콜레라) 먹고
B형(B형간염) 성(선병)인(인플루엔자)으로 지정(지정전염병)되었다.
B형 남자~_-로 외우지 않도록 주의하세요~^^

 Answer   01.⑤ 02.④ 03.③ 04.① 05.④ 06.⑤ 07.⑤ 08.② 09.④ 10.①

추가 MMR,
Pol DTaP, B형간염,
일본뇌염

맥락을 이해하면
더 쉽게 외워진다

국사나 세계사같이 맥락이 있는 과목은 스토리를 만들면서 외울 수 있다. 예를 들어, 우리나라 조선 시대의 역사적 사실을 스스로 해석해 스토리를 만들 수 있다.

○○○○년에는 태평성대가 계속되었다. ○○○○년에는 부정부패가 늘어 ○○○ 사건이 있었다. 그러다 ○○○○년에 ○○ 반란이 일어닌다.

→ 태평성대가 지속된다면 부패한 귀족들로 인한 문제가 벌어질 수 있다. 그래

서 터진 게 귀족들의 부패로 인한 농민들의 반란 사건이다. 그러한 큰 사건 후에는 혼란함을 틈타서 신분계층의 변동이 일어나게 된다.

조선 후기에 일어난 여러 역사적 사건의 연도와 내용, 의의를 일일이 외우려고 하면 머리에 잘 들어오지도 않고 잊어버리기 쉽다.

하지만 '조선 후기 민씨 정권의 친청 사대 정책으로 인해 개혁을 꿈꾸던 개화당 사람들의 불만이 고조되다가 1884년 갑신정변을 일으켰고, 이때 개화당 사람들은 당연히 친청 사대 정책을 비판하면서 이러한 외교 정책을 폐지하고, 청에게 인정받는 왕권 제도가 아니라, 입헌군주제로의 개혁을 요구했다'라는 식으로 스토리를 외우면 어떨까? 왜 갑신정변의 주동자가 개화파이고 그들이 입헌군주제를 요구했는지를 굳이 암기하지 않아도 자연스럽게 추론이 가능하다.

또한 1894년에 일어난 갑오개혁과 같은 해에 일어난 동학농민운동이라는 역사적 사건도 갑신정변에 어느 정도 영향을 받았음을 추론해 동학농민운동과 세트로 묶어서 그 내용과 의의를 외울 수 있다. 이러한 내용 역시 단순히 암기하는 게 아니라 역사의 큰 흐름에 따라 맥락을 보며 외운다면, 훨씬 더 쉽게 외우고, 잘 까먹지 않을 수 있다.

이런 식으로 실제 역사적 사실에 스토리를 입히면서 외워보자. 시험 현장에서 헷갈리거나 기억을 되살릴 때도 도움이 된다.

논리적 흐름을 따라가면 기억이 쉽다

이 방법은 역사뿐 아니라 생물이나 지구과학 같은 과목에도 적용할 수 있다. 논리적인 흐름에 따라 자연스럽게 다음 내용이 연상되며 암기할 내용이 쉽게 기억나기도 한다.

"온몸을 돌아 온 혈액은 우심방으로 들어가고, 우심방에서 우심실로 내려가며, 우심실에서 허파로 가고, 허파에서 좌심방으로 들어가며, 좌심방에서 좌심실로 내려가고, 좌심실에서 온몸으로 나간다. 심장에는 혈액이 거꾸로 흐르지 않고 한쪽 방향으로만 흐르도록 판막(밸브)을 가지고 있다."

생물 교과서에 나오는 내용이다. 이 역시 단순하게 바로 줄글을 보며 외우지 않고, 다음에 나오는 심장 그림을 보면서 머릿속으로 혈액의 흐름을 생각해보면 쉽게 외울 수 있다.

우선 심장의 그림을 보면 아래쪽에 있는 우심실과 좌심실이 훨씬 더 많은 근육으로 둘러싸여 있는 것을 알 수 있다. 왼쪽 가

심장의 구조 이미지

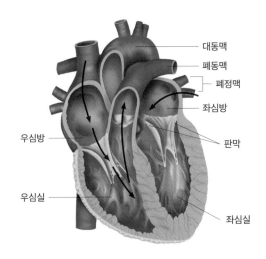

슴에 심장이 있다는 것은 누구나 안다. 혈액을 강하게 보내줄 심실 중 왼쪽에 있는 좌심실에 온몸으로 피를 보내는 대동맥이 연결되어 있다는 것도 논리적으로 알 수 있다.

그리고 대동맥을 통해 온몸의 모세혈관을 다 돌고 온 피는 이산화탄소와 노폐물 등을 가지고 있기 때문에, 이것을 폐로 보내기 위해 우심실 쪽으로 가는 것이 당연하다. 이때 우심실로 가기 위해 상대적으로 심장의 위쪽에 있는 우심방으로 대정맥이 연결되어 혈액이 돌아온다.

폐로 혈액을 보내는 폐순환 역시 같은 이치다. 강하게 펌프

질을 해줄 수 있는 근육을 가진 우심실에서 폐동맥을 통해 폐로 혈액을 보내고, 폐정맥을 통해 좌심방으로 들어와서 다시 좌심실로 이동한다.

이렇게 차근차근 논리적으로 생각하면 외우기 힘든 심장의 혈액순환 중 체순환 파트의 혈액 흐름의 연결을 더 쉽게 외울 수 있다. 이렇듯 내 나름의 논리적인 흐름을 만들어서 공부하면, 암기가 훨씬 더 쉬워진다.

최적의 암기 방식을 찾아라

의대 과목 중에 암기량이 제일 많고 어렵기로 유명한 '순환기' 파트에서도 이런 암기법을 활용할 수 있다. 심장에서 들어온 피가 좌심실에서 어디로 향하느냐에 따라, 그 과정에서 어떤 기관의 문제가 생기느냐에 따라 달라지는 병명과 증상, 치료법 등이 100가지도 넘는다. 이 100개가 넘는 이 병명의 세부 내용을 의대생이라면 하나도 빼놓지 않고 정확하게 암기해야만 한다.

다행히 그러한 증상과 치료법은 심장의 구조와 혈액의 순환을 정확히 이해하면 굳이 외우지 않아도 저절로 떠오르는 게 대부분이다. 이것을 그냥 단순 무식하게 암기하려고 하면 훨씬 더 많은 시간과 노력을 들여야 하고, 실전에서도 기억이 나지 않을 가능성이 커진다.

물론 처음 공부를 시작할 때는 천자문 외우듯이 무조건 외우게 된다. 처음에는 전체 맥락이 보이지 않기 때문에 그런 인고의 시간을 보내야 될 때도 있다. 그래서 공부 초기에는 많은 시간이 걸리고, 암기의 효율도 높지 않다.

하지만 이 지루하고 힘든 시간을 잘 견뎌야 한다. 힘든 시간을 견디면서 암기를 계속해나가다 보면 '아, 이건 이런 식으로 논리적인 스토리를 만들면 되겠다'든가 '이건 앞글자를 따서 외우면 쉽겠다'는 게 점차적으로 파악이 될 것이다. 또한 암기력 자체도 서서히 늘어나게 된다.

그때가 되면 암기라는 것이 맨땅에 헤딩하듯 단순 무식하게 해야 하는 것이 아님을 깨닫게 될 것이다. 적절한 암기법을 적용함에 따라 처음에는 10시간이 걸리던 공부 시간도 1~2시간으로 줄 수 있을 정도로 암기 효율을 끌어올릴 수 있다.

표나 차트로 구조화하라

구조도를 그리거나 도표를 만들면 암기가 잘되는 경우가 많다. 우리는 왜 줄글보다 이미지를 잘 기억할까? 인간의 두뇌는 단순히 글자만을 볼 때보다 시각적인 효과가 있는 그림이나 표를 볼 때 훨씬 더 활성화되고 암기력도 상승하기 때문이다. 한국교원대 교육학과 임웅 교수의 논문을 보면 그 근거를 알 수 있다.

"컴퓨터에 파일을 저장할 때 하나의 폴더에 마구잡이로 넣는 것보다는 여러 폴더를 만들고 내용과 성격에 따라 분류해서 넣는 것이 파일의 쓰임새를 다양하게 만든다. ㄱ과 ㄴ을 외울 때 잘 분류해서 머릿속에 저장을 해야 나중에 각각의 지식에 대응하는 자극이 왔을 때 바로 출력될 수 있다."

구조도나 도표를 그려서 암기를 하면 자연스럽게 지식을 성격과 내용에 따라 분류하는 셈이다.

또한 신종호 서울대 교육학과 교수는 "구조도를 그려 암기하는 방식은 뇌가 지식을 체계화해서 저장하는 속성과도 일치하기 때문에 효과가 좋다"고 말했다.

내가 봐온 암기를 잘하는 이들도 표나 차트를 이용해서 암기하는 방식을 많이 사용했다. 물론 이런 학문적인 근거를 모두 다 알고서 한 것은 아니고, 선배 때부터 내려오던 암기법을 보고 배운 것이다. 복잡하고 어려운 방대한 내용들을 표나 차트로 만들어서 외우면 실제로 훨씬 잘 외워진다.

암기할 내용을 한눈에 볼 수 있는 플로우 차트

상황에 따라 암기하는 내용들을 표로 만들거나 플로우 차트^{flow} chart로 정리하는 것도 방법이다. 그 예로 의학에는 잘 헷갈리는 두 가지 대표적 대장 질환이 있다. 궤양성 대장염과 크론병인데, 그 차이를 정확히 외우기 위해 다음과 같이 표로 정리할 수 있다.

궤양성 대장염과 크론병 비교표

차이점	궤양성 대장염	크론병
증상	설사, 혈변, 점액질변, 잔변감, 식욕부진 등	복통, 설사, 체중감소, 복부팽만감, 메스꺼움, 구토
발병 부위	대장에만 발생	입에서 항문까지 소화기 전체에 발생
발전 가능성	장 점막에 염증 발생 이후 하층 점막 헐게 만듦	장의 전 층에 염증이 생겨 심할 경우 장 천공 발생
발생 연령층	20~30대에 가장 많이 발생	15세부터 20대 중반에 주로 발생 궤양성 대장염에 비해 좀 더 어린 나이에 발생

또 응급의학과 과목에서 중요한 내용인 심정지 환자의 응급 구조 대처법도 양이 많고 방대해서 외우기 힘들기로 악명이 높은 부분이다. 그 방대한 내용을 다음과 같이 플로우 차트로 정리해서 상대적으로 쉽게 암기하는 방법들을 사용했다.

여러 경우마다 정답이 다른 내용들을 정리할 때는 다음 예시처럼 플로우 차트로 정리하면 좋다. 빽빽하게 5페이지에 걸쳐서 써 있는 방대한 내용을 한 개의 표로 깔끔하게 정리해서 암기하면 공부의 효율을 극대화할 수 있다.

성인 심정지 환자의 응급구조를 정리한 플로우 차트

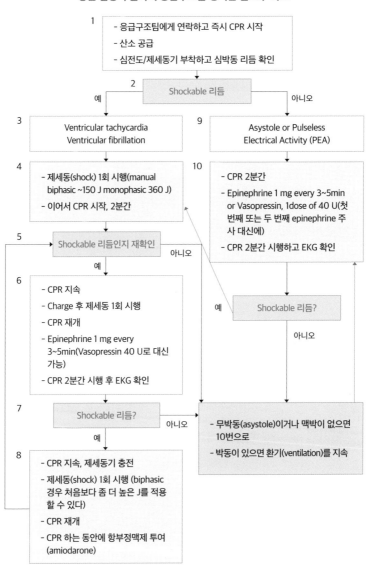

1
- 응급구조팀에게 연락하고 즉시 CPR 시작
- 산소 공급
- 심전도/제세동기 부착하고 심박동 리듬 확인

2 Shockable 리듬

예 ｜ 아니오

3 Ventricular tachycardia
Ventricular fibrillation

9 Asystole or Pulseless
Electrical Activity (PEA)

4
- 제세동(shock) 1회 시행(manual
biphasic ~150 J monophasic 360 J)
- 이어서 CPR 시작, 2분간

10
- CPR 2분간
- Epinephrine 1 mg every 3~5min
or Vasopressin, 1dose of 40 U(첫
번째 또는 두 번째 epinephrine 주
사 대신에)
- CPR 2분간 시행하고 EKG 확인

5 Shockable 리듬인지 재확인

아니오

예

6
- CPR 지속
- Charge 후 제세동 1회 시행
- CPR 재개
- Epinephrine 1 mg every
3~5min(Vasopressin 40 U로 대신
가능)
- CPR 2분간 시행 후 EKG 확인

Shockable 리듬?

예

아니오

7 Shockable 리듬?

아니오

예

8
- CPR 지속, 제세동기 충전
- 제세동(shock) 1회 시행 (biphasic
경우 처음보다 좀 더 높은 J를 적용
할 수 있다)
- CPR 재개
- CPR 하는 동안에 항부정맥제 투여
(amiodarone)

- 무박동(asystole)이거나 맥박이 없으면
10번으로
- 박동이 있으면 환기(ventilation)를 지속

하나의 예시를 더 들어보자면, '비결합 고빌리루빈혈증'을 일으키는 대표적인 유전병 3개를 외울 때도 표를 만들면 쉽다. 원인과 유전 양상, 특징, 진단, 치료법을 확실하게 외워야 하는데 문장으로 외우면 내용도 너무 방대하고 눈에 한 번에 안 들어온다. 그래서 다음과 같이 깔끔하게 표로 정리해 암기를 했다. 주황색으로 표시된 부분이 기출문제에 실제로 보기와 답으로 출제된 부분이다.

다음에 나오는 위염 치료법의 경우도 마찬가지이다. 의사 국가고시 시험의 특성상 여러 증상과 검사 결과에 따라 진단과 치료법이 달라지기에 각각의 진단과 치료법을 머릿속에 정확히 외우고 답을 내야 하는 문제가 많다. 여러 증상과 검사 결과를 하나하나 풀어서 외우기보다는 아래처럼 플로우 차트의 항목으로 만들어서 눈에 직관적으로 들어오게 도표로 정리하게 되면, 방대한 양을 짧게 표로 정리할 수 있다. 암기의 난이도는 줄어들게 되고, 효율은 극대화시키는 방법이라고 할 수 있다.

이처럼 줄글로 외우기에는 너무나 방대하고 긴 내용을 그대로 외우기보다 이렇게 적합한 형식의 표로 정리하면 보기에도 편하고 짧은 시간에 효과적인 암기가 가능하다. 시험 범위에 학습할 내용을 이처럼 표로 만들어서 제공하는 학습서들도 있겠지만, 그렇지 않은 경우에는 직접 만들어보자.

1. 비결합고빌리루빈혈증(unconjugated hyperbilirubinemia)

1) Overproduction
   (1) Hemolysis(including hereditary spherocytosis)
   (2) Ineffective erythropoiesis
2) 유전적인 bilirubin conjugation 장애

	Gilbert's Synd.	Crigler-Najjar Synd. II	Crigler-Najjar Synd. I
원 인	glucuronyl transferase 활성 저하(promoter 문제)	transferase 부분 결핍	transferase 완전 결핍
유전양상	다 양	대개 AR	AR
임상특징	20대	rarely kernicterus	kernicterus
진 단	mild unconjugated bilirubinemia(1~6) 24hr 금식 후 bil↑ (과음, 수술 등도) phenobarbital 후 bil↓	mod. unconjugated bilirubinemia(6~20) phenobarbital 후 약간↓	severe unconjugated bilirubinemia(20~45) phenobarbital 반응(-)
치 료	observation	phenobarbital	photoTx, liver TPL

2. 결합고빌리루빈혈증(mixed or predominantly conjugated hyperbilirubinemia)

1) Hereditary

	Dubin-Johnson Synd.	Rotor Synd.
원 인	biliary excretion 장애	hepatic storage capacity 장애
병리소견	black liver	no pigmentation
방사선소견	cholangiography상 GB 안보임	cholecystography상 GB 보임
치 료	불필요	

※ DDR!!(Direct bilirubinemia, Dubin-Johnson syndrome, Rotor syndrome)
2) Hepatitis(성인의 m/c 원인) : excretion이 damage에 취약 by *(handwritten)*
3) Extrahepatic cholestasis(d/t stone or periampullary cancer)

위염의 치료 과정을 정리한 표

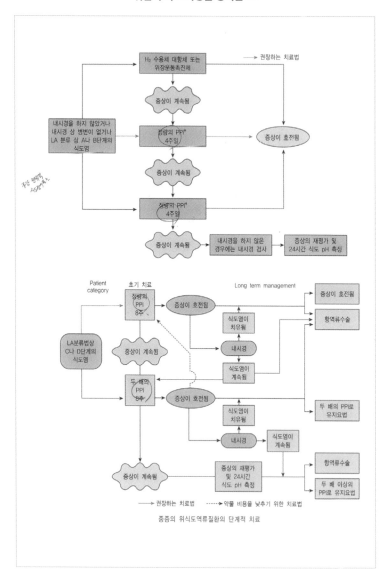

중증의 위식도역류질환의 단계적 치료

컴퓨터로 작업해 인쇄해서 정리하는게 불가능하다면 그냥 본인이 알아볼 수만 있게 도표를 만들어서 학습서 여백 부분에 붙여두면 2, 3회독을 할 때 줄글을 지루하게 읽는 것보다 훨씬 짧은 시간에 효과적으로 한 내용을 암기하고 정리할 수 있다.

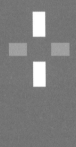

5장

실수를 줄이고 아는 문제는

무조건 맞추는

D-30 실전 공부법

시험 한 달 전 전략은
달라야 한다

시험이 한 달 남은 시점이 되면, 본격적으로 실전 대비에 돌입하게 된다. 이때는 그동안 회독한 학습서를 보면서, 중요 표시를 해놓은 것들을 중심으로 반복해서 보는 것이 좋다. 시험이 한 달 남은 무렵이면 시험과 관련된 여러 정보가 떠돌기도 한다. '어느 부분이 출제된다더라, 어느 과목이 어렵게 출제된다더라' 같이 확인할 수도 없는 정보에 휘둘려 수험생 중에는 이에 맞춰 공부 계획을 수정하는 경우가 간혹 있다.

그러나 개인적으로 이런 선택은 그리 현명하지 못하다고 생각한다. 이런 정보는 부정확한 경우가 대부분이고, 설령 맞다 할지라도 시험에 나온다는 부분에만 신경을 쏟으면 자연스럽게 다른 부분은 소홀하게 된다. 처음 세운 공부 계획이 흔들리면 새로 외워야 하는 부분도 잘 외우지 못하고, 다른 부분까지 헷갈리게 되기도 한다.

초심으로 돌아가 아는 내용도 다시 보자

시험이 한 달 정도 남아 마음이 조급할수록 다시 초심으로 돌아가라고 당부하고 싶다. 그동안 다회독을 하면서 암기한 내용을 빠르게 다시 한번 1회독을 한다는 생각을 해야 한다. 시험 전날까지, 볼 수 있는 데까지 최고의 집중력을 기울여 볼 것을 권한다.

괜히 시험 한 달 전을 앞두고 나오는 '30일 총정리'나 '한 달 모의고사' 같은 새로운 문제집을 사는 것도 절대 피해야 한다. 그보다는 오히려 그동안 봐온 학습서나 풀어온 문제집을 반복해서 보는 데 온 신경을 쏟아야 한다. 이미 어느 정도 공부량이 쌓이고 암기한 내용이 많은 상태에서, 굳이 새로운 학습서나 문제집을 보면 오히려 그동안 애써 머릿속에 집어넣은 내용을 흐트러뜨리고 헷갈리게 만들 위험이 크다.

실제로 나도 그랬던 적이 많았다. 그래서 외울 내용이 방대했던 의사 국가고시 때는 시험을 한 달 정도 앞둔 시점에 새로운 내용을 공부하는 것이 아니라, 실제로 시험에서 중요하게 다뤄지는 내용을 다시 찬찬히 1회독했다. 완벽하게 1회독을 할 수 없을지라도, 최대한 볼 수 있는 데까지 보자는 마음이었다.

이전에는 2~3개월이 걸려야 겨우 1회독을 할 수 있는 방대한 내용이었지만, 시험 한 달이 남았을 때는 이미 3회독 정도가 끝나 있었고, 또 중요 표시가 상세하게 되어 있었기 때문에 2~3주 정도 만에 1회독이 끝났다.

그러다 보니 시험에 대한 자신감이 생겼다. 남은 1~2주 동안에는 몸의 컨디션을 시험에 맞추면서, 시험 전날까지 중요한 내용뿐만 아니라 그다지 출제 빈도가 높지 않는 부분까지 완벽하게 1회독을 할 수 있었다.

이렇게 빠르면서도 완벽한 1회독이 시험 직전에 가능했던 것은, 그 학습서가 내가 수차례 반복해서 보던 익숙한 학습서였기 때문이다. 그렇기 때문에 시험이 한 달밖에 안 남은 시점에는, 새로운 학습서를 통해 그동안 모르던 부분을 공부해서 몇 문제를 더 맞히려는 생각은 버리길 바란다. 지금 이 순간 필요한 것은 그동안 공부해왔던 부분을 완벽하게 기억하는 것이다.

오답 노트로
돌아가라

앞에서 얘기했듯이 시험 한 달 전, 즉 시험 직전의 공부는 그동
안 수도 없이 반복해서 나에게 익숙해진 학습서로 하는 것이
좋다. 그중에서 중요한 게 바로 오답 노트다. 수도 없이 반복해
서 익숙한 내용 중에서도 유독 외우기 힘들어하거나 자꾸 헷갈
리는 것을 정리해놓은 오답 노트는 시험이 다가올수록 든든한
동반자이자 지원군이 된다.

이전부터 오답 노트를 작성해놓았다면, 시험 한 달 선부터
는 학습서와 같이 오답 노트를 꼭 반복해서 보자. 사실 오답 노

트의 내용은 이미 학습서에 있는 내용 중에 본인이 자주 잊어 버리거나 헷갈리는 내용을 정리해놓은 것이다. 그렇기 때문에 오답 노트를 추가로 본다고 해서 아주 많은 시간이 소모되지는 않는다.

또한 오답 노트는 시험 당일 시험장에 가져가 각 과목을 보기 직전에 복습하는 용도로 사용하면 좋다. 이는 실제로 시험 당일날 큰 도움이 된다. 그렇기 때문에 시험 마지막까지 봐야 할 단 한 권을 꼽으라면 주저 없이 오답 노트를 꼽을 것이다.

쉬는 시간에 오답 노트로 나머지 2퍼센트를 채워라

나의 경우도 이틀간 치러졌던 의사 국가고시 당일날 오답 노트의 도움을 많이 받았다. 수험장에서 쉬는 시간에 마음을 가다듬으며 마지막까지 봤던 책은 다름 아닌 오답 노트였다.

짧게 나만 알아볼 수 있는 글로 정리된 오답 노트를 보면서, 10분 후 시험을 치를 과목에서 헷갈리거나 중요한 내용을 빠르게, 하지만 완벽하게 정리할 수 있었다. 쉬는 시간에 오답 노트에서 본 내용이 바로 시험에 나와서 기분이 좋았던 적도 여러 번 있다.

시험 사이사이 짧게는 10분, 길게는 30분 정도의 쉬는 시간 동안 그전 시험 과목의 문제나 난이도에 대해 지인과 얘기를 나누거나, 혹은 그냥 엎드려서 휴식을 취하는 사람이 많다. 하지만 이 시간이야말로 최고의 공부 효율을 낼 수 있는 시간이고, 이때 가장 필요한 것이 오답 노트다.

화장실을 다녀오고 남은 시간에 괜히 헛된 잡담이나 확실하지도 않은 시험 난이도나 정답 얘기를 하지 말고, 오답 노트를 보기를 바란다. 그 시간이 어쩌면 여러분이 시험에서 좋은 성적을 얻어 합격하기 위한 '부족한 2퍼센트'를 채워주는 마지막 공부가 될 수도 있을 것이다.

만점이 아닌
합격점을 받는 것에 집중하라

시험을 한 달 앞둔 시기에 공부를 하면서 수험생 여러분이 가져야 하는 자세는 모든 문제를 완벽하게 맞춰야겠다는 자세가 절대 아니다. 대부분의 시험은 그 시험이 절대평가든, 상대평가든 중학교 때의 내신 시험처럼 거의 모든 문제를 맞춰야 좋은 성적을 낼 수 있는 시험이 아니기 때문이다.

오히려 대부분의 국가고시는 내가 봤던 의사, 치과의사 국가고시처럼 평균 60점만 받으면 되는 시험인 경우가 많다. 혹은 상대평가인 시험이더라도, 내 평균 점수가 80점 정도만 되면 시험의 난이도나 경쟁자들과 상관없이 여유 있게 합격권인 경우가 대부분이다.

그렇기 때문에 시험을 한 달 앞두고 공부를 할 때는 어렵거나 헷갈리는 부분들 중에 일부는 포기하는 지혜가 필요하다. 이해나 암기가 되지 않는 부분에 아까운 시간을 쓰면서 매달려 있을 필요가 전혀 없다.

알고 있는 문제를 확실히 맞혀라

따라서 시험을 한 달 앞둔 시기의 공부는 무리하게 해선 안 된다. 그때까지도 어려워하거나 외우기 어려웠던 부분을 공부하는데 집중하기보다, 그동안 확실하게 이해하고 외웠던 부분을 다시 한번 점검하고 복습하는 데 초점을 맞춰야 한다. 그편이 시험 당일 높은 점수를 받을 가능성이 높다.

이것은 내 개인적인 경험뿐 아니라 수많은 과외 학생, 그리고 의치대 동기 선·후배로부터 나온 일관된 의견이다. 그동안 충실히 다회독을 하면서 열심히 공부를 해왔다면, 이 자세만으로도 여러분은 좋은 성적과 합격이라는 결과물 얻기에 충분한 실력을 이미 가지고 있을 것이다.

내 몸과
시험 주기를 맞춰라

시험을 한 달 앞둔 시점이 되면, 정신적인 부분뿐만 아니라, 육체적인 부분까지도 시험 당일날 최고의 컨디션을 위해 준비를 시작하는 것이 좋다.

하지만 앞에서 얘기했듯이 아무리 준비해도 시험 당일에는 여러 변수가 생길 수 있다. 최고는커녕 평균적인 컨디션으로 시험에 임하지 못할 수도 있다. 그럴수록 만반의 준비를 해야 변수가 생겼을 때 덜 당황할 수 있다.

예를 들어, 저녁형 인간이라 늦게 일어나서 새벽까지 공부하는 패턴을 지속했던 수험생의 경우, 시험 한 달 전부터 조금씩 기상 시간을 실제 시험 시간인 오전 8시쯤으로 앞당길 필요가 있다. 나는 의사 국가고시를 앞두고 오후 2~3시에 기상하던 기존의 수면 시간을 하루에 1~2시간씩 의도적으로 앞당기기 시작했다.

시험을 2주 정도 앞둔 시점에는 실제 의사 국가고시 시작 시간인 오전 8시 30분부터 집중해서 공부하는 연습을 했다. 그 결과 시험 당일에는 아주 맑은 정신으로 시험에 임할 수 있었다.

이처럼 기상 시간이 제각각일지라도, 적어도 시험을 한 달 가량 앞둔 시점부터는 실제 시험날의 기상 시간에 맞게 일종의 시차 적응을 시작하는 것이 좋다.

시험 시간표로 바이오리듬 맞추기

수험생들 중에는 이렇게 1~2시간씩 여러 날에 걸쳐 기상 시간을 앞당기는 것이 싫어서 시험 전날 수면제나 수면유도제를 복용하는 경우도 있다. 나도 수능을 다시 볼 때는 그 방법을 사용했지만 이 방법은 별로 추천하지 않는다.

수면제는 상대적으로 깊은 잠보다는 얕은 잠을 자게 만들기 때문에, 시험 당일 컨디션을 망가뜨릴 가능성이 크다. 내 경우에도 수면제를 먹고 자서 시험 당일 무사히 기상하기는 했지만, 오전 내내 약 기운 때문에 몽롱했고, 얕은 잠으로 인해 시험 내내 피곤했다. 당연히 시험을 보면서 집중력을 발휘하기 힘들었다.

또한 시험 한 달 전부터는 가급적 시험을 보는 날의 시간표에 맞춰 그 과목을 시험 보는 시간에 공부하는 것을 추천한다. 예를 들어, 국어 시험을 오전 8시 30분부터 보게 된다면, 시험 한 달 전부터는 오전 8시 30분부터는 국어 학습서를 보거나, 국어 과목의 오답 노트를 보도록 하자. 공부의 바이오리듬 역시 실제 시험 당일 날의 과목 시간표에 맞추면 자연스럽게 내 몸의 리듬을 그 과목에 맞게 끌어올릴 수 있다.

점수를 끌어올릴 수 있는
과목에 집중하라

누구나 좀 어렵고 하기 싫은 과목이 있기 마련이다. 각자 보는 시험에 따라 차이는 있겠지만, 아무리 열심히 공부를 하고 여러 번 회독을 해도 고득점을 받기 어렵고, 심지어 암기가 잘 안되는 과목도 있다.

시험을 한 달 앞두고서 이런 과목이 신경이 쓰일 수 있다. 하지만 그동안 어렵고 암기가 어려웠던 과목들에 많은 시간을 쏟지 말아야 한다. 시험 한 달 이전에 수차례 다회독을 했음에도 여전히 그 과목이 어렵다면, 시험을 한 달 남은 시점에서는 적어도 과락(보통 40점 이하인 경우가 많다)은 당하지 않을 정도로 목표를 잡되, 모든 문제를 맞추겠다는 마음가짐을 버려야 한다.

자신 있는 과목에 시간을 투자하자

아무리 열심히 해도 60점 이상을 받기 어려운 과목에 많은 시간을 쏟아 점수를 약간 올리는 것보다, 50점 전후의 성적을 받을 정도만 공부하는 게 낫다고 생각한다. 그러니 출제 가능성이 높아 거의 매년 출제되는 부분들만 확실하게 체크한 후 넘어가는 것을 권한다.

차라리 점수를 올리기 쉬운 과목에 집중해서 다른 과목에서 80점 이상 점수를 획득하는 게 훨씬 효과적이다. 그러면 50점을 받은 과목과 80점을 받은 과목의 평균 점수가 65점이기 때문에 무난히 합격선을 넘어설 수 있다.

따라서 한 달 밖에 안 남은 지점에서는 다른 과목, 이왕이면 가장 고득점에 자신 있는 과목에 투자하자. 기출 빈도가 상대적으로 낮은 부분까지 반복해서 보고 익히면 더 많은 점수를 추가로 획득할 수 있을 것이다.

실수를
줄이는 방법

시험을 한 달 앞두고 가장 명심해야 할 것은 '역대 최고의 성적을 받자'는 마음가짐으로 시험에 임해서는 절대 안 된다는 것이다. 오히려 이전 모의고사 때 나오던 성적을 실수 없이 얻으면 된다고 가볍게 생각하자. 그러기 위해서는 시험 당일에 실수를 최소한으로 줄여야 한다.

공부를 성실하게 한 사람일수록, 시험의 성패는 시험 당일 누가 더 어려운 문제를 많이 맞히느냐에서 갈리는 것이 아니라, 남들이 다 푸는 문제들을 실수 없이 맞히느냐로 갈린다. 따라서 시험을 보고 나왔을 때, 실수 없이 내가 맞힐 수 있는 문제는 다 맞췄다는 생각을 해야 한다. 그래야 후회도 없다.

반복만이 살 길이다

실수를 줄이는 방법은 끊임없는 반복밖에 없다. 심지어 수학에서조차, 계산 실수를 하는 학생은 계속해서 계산 실수를 하게 된다. 계산 실수가 반복된다면 더 이상 실수가 아니라 내 실력이라는 것을 겸허하게 인정하고, 반복을 통해서 계산 실력을 길러야 한다.

암기 과목이라면 더욱 더 그렇다. 매번 같은 부분이 헷갈리고 실수한다면, 그 파트에서의 공부량이 상대적으로 부족하다는 뜻이다. 시험이 한 달 남았을 때는 자신의 부족함을 빠르고 겸허하게 인정해야 한다.

약한 부분은 반복해서 집중력 있게 공부해야 한다. 시험 직전까지 오답 노트를 보는 건 당연하고, 그 부분에 중요 표시가 되어 있는 학습서를 보자. 반복하고 또 반복해서 완벽을 기해야 한다. 그런 자세만이 시험 당일 만에 하나 있을 수 있는 실수를 줄여줄 수 있다.

실수도 실력이고, 결과가 전부다. 잘 살펴보면 반드시 자주 실수하는 문제 유형이 있다. 이런 문제는 꼭 체크해두었다가 실전을 준비해야 한다.

공부 잘하는 사람은 의심이 많은 사람이다. '실수가 아니라 실력이 부족하다는 것을 인정하는 것', 이것이 시험을 한 달 앞두고 마지막으로 총정리와 복습을 할 때 가장 필요한 지세일 것이다.

실수와 약점을 발견하는 건 행운이다

인간은 완벽한 존재가 아니기 때문에 누구나 실수를 한다. 나의 경우에도 공부를 할 때, 암기를 너무 싫어한 나머지 우선순위를 제일 뒤로 미루다가 결국 시험 직전이 되어서야 벼락치기 식으로 공부하는 나쁜 습관이 있었다. 이런 습관 때문에 가뜩이나 재능이 없던 암기 과목이 학창 시절 내내 약점이었다. 중요한 시험 때마다 암기 과목에서 곧잘 실수하고는 했다.

어느 순간 이런 나쁜 습관을 더 이상 방치하면 안되겠다는 생각을 했다. 중요한 것은 본인의 약점을 피하거나 부인하는 것이 아니라 그 자체를 인정하고 받아들이는 자세다.

하지만 여기에 그쳐서는 안 된다. 긍정적인 마음으로 '실수했지만 괜찮아', '나한테 이런 단점이 있어도 어쩔 수 없지'라고 넘어가면 발전이 없다. 반드시 자신의 약점을 보완하고 고치려는 노력을 해야 한다. 적어도 같은 실수는 하지 말아야 하며, 치명적인 약점이라면 분명하게 개선해야 한다.

예를 들어 시험을 치르다가 정답을 밀려 쓴다든지, 분명 확실히 아는 문제였는데 실수로 정답을 못 맞힌 경험을 한 번쯤 한 적이 있을 것이다. 그러면 이건 내 실력이 아니라 실수니까, 다음번에는 절대 그럴 일이 없을 거라고 생각해서 대수롭지 않게 넘어가는 수험생이 많다. 나 역시 그랬다.

실수를 인정해야 고칠 수 있다

내가 과외했던 많은 학생이 모의고사에서 실수를 하고는 '이건 정말 실수로 틀렸기 때문에, 사실상 맞춘 문제다'라고 생각하고 넘어가곤 했다. 출제 기준과 맞지 않게 너무 어려웠다거나, 문제 자체가 이상했다고 하면서 순간의 우울한 기분이나 멘탈을 부여잡으려고 하는 학생도 있었다.

물론 긴 수험 생활에서 흔들릴 수 있는 멘탈을 건강하게 유지하고 하루하루 성실히 공부하려면 약간의 자기방어가 필요하기도 하다. 그러나 단순한 계산 실수라 할지라도 똑같은 실수는 충분히 재발할 수 있고, 특히나 실전에서 일어나면 엄청난 낭패다.

나 역시 모의고사를 보고 나서 실수한 문제를 맞췄다고 채점하거나 대수롭지 않게 여기기도 했다. 실수를 고치려는 노력을 하지 않아 실전 시험에서 똑같은 실수를 반복하기도 했고, 상대적으로 약한 암기 과목을 회피하여 결국 낮은 점수를 받았던 뼈아픈 경험도 있다.

지금 아는 게 실전에서 틀리는 것보다 낫다

모의고사를 치르면서 가장 중요하게 체크해야 할 점이 바로 이런 실수다. 모의고사를 통해 취약한 부분을 찾고 점검하는 것도 필요하지만, 실전 시험에서 일어날 수 있는 사소한 실수를 줄이는 기회로 삼아야 한다.

물론 내 실수를 직면하는 건 고통스러운 일이다. 그러나 공부하는 동안 그 시간을 가지는 게 훨씬 낫다. 실전에서 실수를 확인하는 것만큼 후회스럽고 괴로운 경험은 없기 때문이다. 그렇기에 실수와 약점을 발견하면 당당히 직시하고 냉정하게 극복하려는 노력을 기울여야 한다.

실수를 발견하고 약점을 찾아 개선해 나아가되, 그 과정에서 너무 절망하거나 좌절할 필요는 없다. 수험생의 진짜 중요한 시험은 오직 본시험 하나뿐이기 때문이다.

수많은 실패 끝에 진정한 성공의 열매가 주어지듯 인생에서 마주하게 되는 실수와 약점을 무작정 회피하지 않고 진지하게 마주할 때, 비로소 공부도 인생도 한 단계 성장할 수 있다.

시험 전날은
오답 노트에 집중하라

시험 전날이 되면 아무리 평정심을 유지했던 수험생이라도 과연 시험에서 좋은 성적을 얻을수 있을지, 걱정과 불안감이 들 것이다. 이때는 책을 봐도 내용이 눈에 잘 들어오지 않는다.

나도 두 번의 수능과 두 번의 국가고시 등을 치르면서 시험 전날에 늘 걱정과 불안감에 휩싸였다. 이럴 때 도움이 되는 것은, 그동안 수차례 반복해서 보아왔던 학습서와 오답 노트뿐이다.

사실 시험 전날에 나는 심한 긴장감과 걱정으로 인해, 마치 구름 위에 떠 있듯이 공부가 손에 잡히지 않을 때가 많았다. 이런 때일수록 새롭거나 잘 모르는 내용을 공부하기보다는 정말 중요하고 잘 틀리는 내용을 정리한 오답 노트를 보는 것이 다음날 시험에 대한 긴장감과 걱정을 덜어주는 데 큰 도움이 된다. 익숙한 글씨로 쓰인 오답 노트를 보는 것만으로도 다시 한 번 복습에 집중할 수 있다.

오답 노트를 빠르게 정독하면서 시험 직전에도 꼭 봐야 하는 부분들을 추가로 표시해놓는 것도 좋다. 예를 들어, 매번 헷갈리는 개념이나 공식이 있다면 시험 전날 오답 노트를 빠르게 정독하면서 형광펜 등으로 확실하게 표시해두고, 다음날 고사장에서 형광펜 친 부분을 한번 더 읽는다. 이것만으로도 가장 틀리기 쉬운 부분에 대한 위험 요인을 완벽하게 없애 자신 있게 실제 시험에 임할 수 있다.

가장 약한 부분을 오답 노트로 정리하고 시험 직전까지 충실히 공부한 수험생이라면, 시험 전날에 봐야 할 오답 노트의 양이 방대하더라도, 대부분을 어렵지 않게 이해하고 지나갈 수 있을 것이다.

이러한 과정을 거치면서 분명 과거에는 외우기 어렵고, 이해도 안 되고, 모의고사 때마다 반복해서 틀리던 부분들이 오히려 오답 노트를 빠르게 정독하면시 시험 전날에 이해가 되는 신기한 경험을 하게 될 것이다. 이러한 경험을 하게 되는 순간, 오히려 시험이 기대가 되기도 한다.

　오답 노트의 분량과 형식은 본인의 가지각색이겠지만, 긴장
감과 걱정으로 글들이 눈에 들어오지 않는 시험 전날에는 무조
건 나의 손때가 묻은 오답 노트를 빠르게 정독하기를 바란다.

시험 당일
집중해서 문제 푸는 법

시험 당일 객관식 문제를 풀 때 가장 중요하게 여겨야 할 것은 정확하게 읽는 것이다. 공부를 많이 한 수험생일수록 시험 당일 빨리 풀어야 한다는 중압감 때문에 문제 자체를 정확하게 읽지 않고 바로 푸는 수험생이 많다.

나의 경우에도 짧은 시간에 많은 문제를 풀어야 하는 의사 국가고시에서 문제를 대충 보고 풀다가 실수를 할 뻔한 적이 있다. 틀린 것을 골라야 하는데, 맞는 것을 골라야 한다고 순간 착각한 것이다. 보기를 읽다가 뭔가 이상해서 다시 틀린 것을 고르는 문제임을 확인했다.

이처럼 아무리 열심히 공부했어도 정작 시험 당일 문제를 집중해서 읽지 않는다면, 실수를 하거나 맞힐 수 있는 문제를 틀릴 가능성이 높다. 아무리 빠르게 문제를 풀어야 하는 시험이더라도 한 글자 한 글자 정성 들여 읽어야 한다는 점을 명심하라.

이미 기출문제나 모의고사 등에서 수도 없이 봤던 유형의 문제라고 하더라도, 실전 시험에서는 문제 일부가 변형되거나 수정되어 출제되는 경우가 많다. 이런 문제들을 이전에 여러 번 봤다고 해서 제대로 끝까지 읽지 않고 보기를 고르는 우를 범하지는 말자. 오히려 공부를 많이 한 수험생일수록 이런 데서 실수하기 쉽다. 이러한 실수는 합격 여부에 치명적으로 작용하게 된다.

고득점을 받는 주관식 답안의 공통점

주관식을 푸는 노하우는 사실상 의대를 다니면서 수없이 많은 시험을 보면서 자연스럽게 생겨났다. 이전에 수능에서 최상위권 성적을 받았지만, 알다시피 수능은 전부 객관식이었다. 대학에 가서 본격적으로 주관식 시험을 치게 되었는데, 처음에는 무조건 상세하게 적는 것이 최선이라고 생각했다.

하지만 수십 번, 아니 수백 번도 넘는 방대한 양의 주관식 시험을 보며 내린 결론은, 주관식 시험의 경우 꼭 필요한 단어나 키워드만 적는 것이 훨씬 더 높은 점수를 받을 확률이 높다는 것이었다.

주관식 시험을 채점하는 입장이 되어보면 그 이유는 명확하다. 기계가 빠른 속도로 채점할 수 있는 객관식과 달리 주관식은 주관적인 생각과 감정을 가진 사람이 수많은 수험생의 답안지를 채점해야 한다. 수험생에게는 본인의 답안지가 그동안 노력한 결과물이고 소중한 답안지이겠지만, 채점하는 사람 입장에서는 그저 수백 명, 많게는 수천 명이 낸 답안지 중 하나일 뿐이다.

키워드가 포함되어 있는지가 핵심이다

그렇기 때문에 채점 시간을 줄이고 공정성을 기하기 위해 채점 기준이 명확하게 있는 경우가 대부분이다. 보통 특정 단어나 키워드의 포함 여부가 중요하다.

따라서 주관식 기출문제를 공부할 때는 길고 상세한 답안지를 무작정 외우는 우를 범하지 말기를 바란다. 마치 객관식 보기처럼 꼭 필요한 단어나 키워드가 잘 정리된 짧은 답안이 좋은 답안지인 경우가 많다. 혹시나 공부를 할 때 주관식 문제의 답안이 쓸데없이 긴 만연체 문장으로 되어 있다면, 짧고 명료한 문장과 단어로 고쳐서 외울 것을 권한다.

무작정 길고 상세한 답변보다 간단하지만 꼭 필요한 키워드들이 들어 있는 주관식 답안지를 작성할 것, 이것이 주관식 시험을 대비하는 가장 큰 비결이다.

시험장에서
잡생각이 든다면

시험장에서 어려운 문제나 헷갈리는 문제를 만나면 마음이 더욱 흔들린다. 시험을 망쳐서 불합격을 하면 어떡하나 하는 걱정이 강하게 머릿속을 잠식할 때도 있다. 이런 경험은 충실하고 성실하게 시험을 준비한 수험생일수록 겪게 될 가능성이 높다.

그럴 때는 의도적으로 시험의 결과에 대한 걱정을 최대한 머릿속에서 몰아내는 수밖에 없다. 이 시험에 떨어져도 잃을 것은 없고, 진짜 실력이 없어서 틀려야 하는 문제라면 오히려 상관없다는 마음가짐이 필요하다.

시험장에서 제일 중요한 마인드는 최대한 많은 문제를 맞히겠다는 생각이 아니라, 실력껏 풀 수 있는 문제만 실수 없이 맞히겠다는 자세다. 그런 마음가짐으로 시험 중간중간 또는 쉬는 시간마다 불쑥 올라오는 합격에 대한 불안감이나 걱정, 긴장을 최대한 내쫓기를 바란다. 결과에 대한 걱정은 말 그대로 시험이 끝난 후에 해도 충분하다.

시험장에서 도무지 집중이 되지 않을 때

시험이 끝난 후에 했던 최악의 후회는 시험 결과에 대한 것이 아니라 맞힐 수 있는 문제를 쓸데없는 잡생각으로 틀렸을 때다. 그렇기에 지금 이 순간 내가 풀 수 있는 문제만 실수하지 않고 맞히겠다는 생각을 시험장에서 유지하는 것이 중요하다.

그럼에도 불구하고 시험 중에 갑자기 이런저런 걱정이나 최근에 들었던 노래의 구절이 떠올라서 집중력을 흐리는 경우가 생길 수 있다. 잡생각을 떨치려고 할수록 생각이 끊이지 않을 때는 역으로 오히려 잡생각에 집중하는 편이 효과적이다.

예를 들어, 진지하게 수학 문제를 풀고 있는데 머릿속에 갑자기 야구 시합의 결과가 궁금하다는 생각이 떠오르면, 시합에 대해 30초 정도 머릿속에서 빠르게 생각하는 시간을 가지면서 문제 풀이를 중단한다. 잡생각이 있는 채로 문제를 풀어봤자 풀이 방법이 맞더라도 계산 실수를 해서 틀리는 가능성이 높기 때문이다.

어려운 문제가 나와도 당황하지 말 것

아무리 완벽하게 준비를 해도 시험 당일의 긴장감으로 인해 실전에서는 쉽게 풀리지 않는 문제를 마주하게 된다. 이때 대부분의 수험생들은 소위 말해 패닉 상태에 빠진다. 마치 이 문제를 풀 수 없다면 좋은 결과를 얻을 수 없다는 듯 막히는 문제에 매달리게 된다. 결국 의미 없이 긴 시간을 낭비해 다른 문제들은 아예 시간 내에 풀지 못하는 안타까운 경우도 있다.

막히는 문제 때문에 가장 당황하는 가장 큰 이유는 경쟁자는 다 맞히는데 나만 틀릴 것이라는 불안감 때문이다. 하지만 오랜 시간에 걸쳐 성실하게 공부를 했다면, 내가 막히는 문제는 경쟁자에게도 어려운 문제가 될 가능성이 높다. 즉, 막히는 문제를 과감히 푸는 걸 중단하고 다른 문제에 남은 시간을 집중하더라도, 성적이 상대적으로 떨어질 가능성은 없다는 점을 명심해야 한다. 이렇게 생각하면 별다른 걱정 없이 막히는 문제를 넘기고, 다른 문제를 먼저 풀 수 있다.

문제를 다 풀고 남은 시간에 막히는 문제로 다시 돌아와 살펴보면 긴장감으로 이 문제가 어렵다고 느낀 것인지, 아니면 이 문제가 진짜로 풀기 쉽지 않은 문제인지를 냉정하게 구별할 수가 있다. 전자라면 다른 문제들을 다 풀고 남은 시간에 침착하게 풀면 되고, 후자라면 시험 결과나 합격에 큰 영향을 미치지 않는 문제이기 때문에 걱정할 필요도 없다.

이런 마인드 컨트롤을 하게 되자 그 이후의 시험부터는 막히는 문제가 나와도 예전처럼 시험 결과에 대한 걱정으로 당황해 머릿속이 백지가 되기는커녕, 그 어느 때보다도 냉정하고 편안한 마음 상태를 가지게 되었다.

대부분의 시험에서는 문제를 다 풀고 남은 시간에 막혀서 넘어갔던 문제에 대해 고민할 수 있는 시간이 주어지기 마련이다. 남는 시간을 써도 문제를 풀지 못한다면 그 문제는 나의 시험 결과에 아무 영향을 주지 않는 문제가 된다. 틀려도 어차피 본전이고, 맞히면 덤이라는 마인드로 시험에 임한다면 반드시 좋은 결과가 있을 것이다.

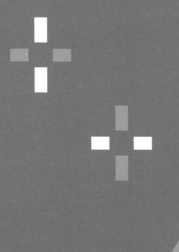

6장

시험 당일 긴장감까지

통제하고 대비하는

궁극의 시뮬레이션

시험 공포증을
극복하다

중요한 시험을 앞두고 열심히 공부한 수험생이라면 불안을 느끼는 것은 지극히도 당연하다. 적당한 긴장감은 집중력을 향상시켜주는 데 도움이 되기도 한다.

하지만 지나친 불안은 공부의 효율을 떨어뜨리고, 시험에 온전히 집중하는 데 도움이 되지 않는다. 공부한 실력을 온전히 발휘해서 실수 없이 시험에 임하기 위해서는 사전에 이러한 불안을 최대한 줄이고 차단하기 위해 노력해야 한다.

학창 시절 나는 어떤 시험에서도 당황하지 않고 내 실력 이상을 발휘하는 학생은 전혀 아니었다. 아니, 그 반대에 가까웠다. 시험을 준비할 때마다 엄청난 긴장감과 걱정으로 늘 힘들었던 기억이 난다.

시험 때마다 불안했다. '혹시 내가 모르는 문제가 출제되면 어떡하지?', '아무리 열심히 공부하고 준비해도 시험이 가까워오면 내가 공부한 것이 기억이 안 나면 어떡하지?', '내 예상보다 시험이 어렵게 나오면 어떡하지?', '시험 결과가 좋지 않으면 부모님이 얼마나 실망할까?', '내 주위 사람들한테 얼마나 창피할까?' 시험이 다가올수록 극심한 긴장감 때문에 식욕이 떨어지고, 심지어 어린 나이에 원형 탈모가 생기기도 했다.

중요한 시험을 망치게 한 시험 공포증

습관 같았던 시험 공포증이 극에 달했던 시험이 바로 중학교 3학년 1학기에 치러졌던 전국 중학생 수학 경시대회였다. 좋은 성적을 얻으면 목표로 했던 서울과학고 입학에 한 발짝 다가서는 아주 중요한 시험이었다. 그렇기에 남들이 공부를 게을리하는 방학에도 학원을 다니면서 더 열심히 공부했다.

그 결과 수학 영재들이 모인다는 대치동 수학 학원에서도 상위 5등 안에 드는 성적을 꾸준히 유지했다. 주위 사람들은 내가 수학 경시대회에서 좋은 성적을 얻어 서울과학고에 입학하리라는 것을 믿어 의심치 않았다.

하지만 시험 공포증이 어김없이 찾아왔다. 너무나 긴장한 나머지, 펜을 잡은 손이 벌벌 떨려서 뻔히 아는 문제인데도 종이에 글씨와 수식을 제대로 쓰지 못했다. 분명 머리로는 이미 풀이법을 완벽히 알고 있고 암산으로도 풀법한 쉬운 문제인데, 내 의지와 상관없이 손이 덜덜 떨렸다.

주관식 서술형 문제인데 또박또박한 글씨는커녕 악필로라도 풀이법을 제대로 적을 수가 없는 상태가 지속되었다. 나조차도 이 상황을 믿지 못할 지경이었다. 펜을 쥔 손이 어떻게 계속 덜덜 떨릴 수 있는지 그저 놀라웠다.

10분 이상 그런 상태가 유지되었고, 나는 결국 왼손으로 오른손을 부여잡고 겨우 한 문제를 풀기 시작했다. 총 6개의 문제를 푸는 3시간 내내 손의 떨림을 겨우 진정시키면서 문제를 풀었다. 결국 평소라면 막힘없이 풀어낼 문제들을 제대로 풀지 못했고, 정작 가장 중요한 실전에서 최악의 성적을 받았다.

같이 공부했던 친구들은 좋은 결과를 얻어 입상했지만 나는 입상에 실패했다. 이전에도 시험을 앞두고 긴장과 걱정으로 실력을 제대로 발휘하지 못해 기대에 못미치는 성적을 받은 적이 몇 차례 있었지만 그날처럼 최악의 성적을 받은 적은 없었다.

너무나 큰 충격과 당혹감, 그리고 부끄러움과 부모님에 대한 미안함에 일주일 정도 넋이 나간 채로 생활했던 기억이 생생하다. 이제 진학을 위해 남은 마지막 한 차례의 시험에서조차 긴장감을 극복하지 못하면, 초등학교부터 중학교까지 9년간의 노력이 물거품이 될 거라는 생각이 들었다.

그래서 대체 왜 그렇게 긴장했는지 그 이유에 대해 골똘히 생각하기 시작했다. 그 이유를 찾지 못한다면, 앞으로 남은 시험에서도 발목이 잡힐 것 같았다. 그리고 마침내 답을 찾을 수 있었다.

내 걱정의
실체를 파악하라

일생일대의 시험에서 합격해야 하는 수험생들에게 멘탈 관리는 수험 생활에 공부만큼이나 중요한 요소다. 아무리 지금 힘들고 괴로워도 결국 합격할 수 있다는 자기 확신, 어려운 문제를 만나거나 난이도가 예상보다 높아도 최대한의 실력을 이끌어 내는 마인드는 누구든 가지고 싶을 것이다.

나도 지나친 불안을 차단하기 위해 여러 시행착오를 거치며 시험의 최대 적인 긴장과 불안을 극복하는 법을 터득했다.

이유를 알아야 해결할 수 있다

중요한 것은 불안의 이유를 정확하게 파악하는 것이다. 그러려면 자기 자신을 제3자처럼 객관화해서 바라봐야 한다. 물론 쉽지는 않다. 나의 경우 불안의 가장 큰 이유가 부모님의 성원과 기대였는데, 감사해야 할 부모님의 응원이 역설적으로 시험을 방해하는 불안의 가장 큰 요소라는 슬픈 사실을 인정하기가 쉽지 않았다.

여러분도 남에게 말하기 싫을뿐더러 스스로 인정하기 싫은 불안의 이유가 있을 것이다. 더 이상 원치 않는 일을 하면서 살기 싫다든지, 가족이나 친구들 앞에서 부끄럽지 않은 사람이 되고 싶다든지와 같은 이유뿐 아니라, 시험 결과가 안 좋으면 다른 사람에게 너무 창피할 것 같다든지, 지금 직장에서 나한테 스트레스를 주는 상사를 더 이상 꼴도 보기 싫은데 시험을 망치면 어쩔 수 없이 그 상사를 직장 동료로 봐야 한다든지…. 남들이 보면 정말 사소할 수도 있지만, 본인에게는 정말 절박한 이유이기에 긴장감과 불안을 느낄 수 있다.

내 경우는 생각하는 것 이상으로 부모님의 기대에 대한 부담감이 컸다. 그래서 예상외로 어려운 문제를 만나거나 난이도가 높다는 생각이 들면, 좋은 성적을 올리지 못했을 때 실망할 부모님 생각에 집중하지 못하고 더 큰 긴장감에 휩싸여서 실수를 남발했다. 또한 점수가 나쁘면 친구들 앞에서 창피할 것 같다는 생각 역시 있었다.

불안과 정면으로 부딪혀라

다른 친구들이 온전히 시험 문제에만 집중할 때 나는 일어나지도 않은 미래에 대한 걱정, 특히 내가 아닌 타인의 반응에 정신이 팔려 에너지를 낭비했다.

그러니 실력을 제대로 발휘할 수 없었고, 오히려 평소에는 안 하던 실수를 하거나 충분히 풀 수 있는 문제들도 정확히 풀지 못했다. 원인을 파악하자 나는 자연스럽게 해결책을 찾을 수 있었다.

여러분은 어떤 두려움이 있는가? 나처럼 부모님의 기대가 부담스러운가? 응원해주는 친구들을 실망시키고 싶지 않은가? 아니면 자신에게 부끄럽지 않은 사람이 되고 싶은가? 무엇이 되었든 차분히 시간을 가지고 불안의 이유를 생각해보라. 걱정과 불안의 실체를 정확하게 찾아라.

불안을 그대로 가진 채 걱정하면서 집중력 떨어지는 공부를 계속하기보다 정면으로 부딪쳐보기를 조언한다. 대부분은 내 생각의 문제일 테니 생각을 바꾸는 연습을 해야 한다.

알다시피 생각은 하루아침에 바뀌지 않지만, 지속적으로 훈련하면 바뀔 수 있다. 긍정적인 생각으로 불안을 이겨내야 한다. 그리고 내가 통제할 수 있는 부분을 최대한 준비하자. 그렇다면 여러분이 시험을 앞두고 느끼는 긴장과 불안은 점차 사라질 것이다.

불안을 불러일으키는
요소를 차단하는 법

불안에 대한 해결책은 간단했다. 의식적으로 결과에 대해 걱정하지 않는 것이었다. 물론 절대 쉽지 않다는 걸 안다. 5~6년 이상 나를 괴롭혔던 걱정이 하루아침에 뚝딱 해결될 리는 없다. 하지만 불안을 없애기 위해서는 계속해서 마인드 컨트롤을 하는 수밖에 없다.

그중에서 기나긴 수험 생활에 가장 큰 도움이 되었던 방법은 조금은 극단적이지만 나에게 부모가 없다고 생각하는 것이었다. 앞서 말했듯 내 긴장의 원인은 부모님을 실망시킬까봐 생기는 걱정이었다. 그래서 의도적으로 부모님을 머릿속에서 지우려고 필사적으로 노력했다. 내가 치른 시험의 결과가 어떻든 부모님이 실망하거나 기뻐하지도 않고, 주위 사람들 역시 내 시험 결과와 아무 상관이 없다고 수없이 세뇌했다.

"이 세상에 나 혼자다! 나는 혈혈단신이다!"

시험을 앞두고는 계속 이런 자기암시를 하려 했다. 마치 극중 역할에 몰입되어서 진짜 그 사람이라고 생각하는 유명 배우의 얘기처럼, 나 역시도 중요한 시험을 앞둔 연고가 없는 고아 역할에 최대한 몰입해서 연기하려고 노력했다.

"나에게는 부모가 없기 때문에 이 시험을 못 봐도 아무도 나에게 실망하지 않는다. 그러니까 시험 결과가 안 좋아도 나 스스로 기분이 좋지 않을 뿐이다."

나의 한계를 밀어붙이는 상황을 상상하라

이런 마인드 컨트롤이 어느 정도 효과가 있자, 나는 더 나아가서 극단적으로 이 시험이 내 생애 마지막 시험이라고 생각하기도 했다. 이 시험이 끝나면 난 이 세상에 없다. 그러니 죽기 전에 후회가 남지 않도록 결과를 신경쓰지 말고 최선을 다하자고 마음먹었다.

"이 시험이 내 인생의 마지막 시험이고, 나는 이 시험이 끝나고 나면 내일 죽을 것이다. 이 문제를 틀리든 말든 나에게는 아무런 영향이 없다. 시험에 불합격해도 어차피 나는 내일 죽을 것이기 때문에 그 결과를 알지도 못할 것이다. 맞춘다고 한들 역시 합격이라는 결과가 나올 때는 나는 이 세상에 없을 것이니, 그렇게 기쁘지도 않을 것이다."

이런 마인드 컨트롤이 조금 극단적이고, 어쩌면 비정상으로 보일 수 있다는 걸 안다. 하지만 그 정도로 절박해서 지푸라기라도 잡고 싶은 심정이었다. 물론 한 번에 모든 불안을 떨치기는 쉽지 않았다. 아무리 스스로 최면을 걸어도, 두려움과 긴장은 시험 문제를 푸는 순간에도 불쑥 나타나고는 했다.

하지만 지속적인 훈련을 통해 나는 결국 불안감과 긴장감을 거의 내쫓는 데 성공했다. 서울과학고 입시를 볼 때 어려운 문제가 나와서 헷갈려 결과가 걱정되어도, '이 문제를 틀려서 결과가 안 좋으면 부모님이 얼마나 실망하실까. 친구들 얼굴은 창피해서 어떻게 보지'라는 생각은 떠오르지 않았다. 오히려 이렇게 생각했다.

'이 문제를 틀려도 괜찮아. 하지만 아는 문제라면 시험이 끝나고 나서 분명 기분이 나쁠 테니까, 다시 한번 천천히 진짜 모

르는 문제인지 살펴보자. 그래도 안 풀리면 과감히 틀리자.'

그러다 보니 정말 불안이 줄어들었다. 메소드 연기가 익숙해지자 시험 중간에 어떤 어려운 상황이 닥치더라도 예전과 달리 긴장감이나 두려움에 휩싸이지 않고 오히려 마음이 한결 편안해졌다. 편안한 마음으로 어려운 문제를 침착하게 다시 한번 검토하며 풀이 방법을 떠올릴 수 있었다.

심지어 어떤 때는 시험을 치르는 도중에 시험지 위에서 뛰어 노는 듯한 즐거움마저 느낄 수 있었다. 미래에 대한 헛된 걱정과 긴장감이 없어지자 눈앞에 닥친 시험 자체에만 집중하면서 마치 시험지가 나의 놀이터인 양 문제에 집중할 수 있게 된 것이다. 마인드 컨트롤 덕분에 실력을 충분히 발휘하고 늘 하던 실수도 거의 하지 않으면서 좋은 점수를 받아 당당히 서울과학고에 합격할 수 있었다.

실패해도 괜찮다고 스스로에게 말해주어라

불안의 이유를 정확히 알기만 하면 방법은 분명 있다. 굳이 나처럼 극단적인 상황을 가정하지 않아도 된다. 다만 의식적으로 자신을 다독이는 게 중요하다.

생각보다 사람들은 내 인생에 크게 관심이 없다. 가족도 마찬가지다. 주위 사람들을 신경 쓰고 그들이 나를 어떻게 평가할지 가장 크게 걱정하는 건 바로 나 자신이다. 그리고 이 시험에 실패한다고 해서 내 인생이 나락으로 떨어지거나 실패한 인생이 될 것이라는 것 역시 내가 만들어낸 헛된 생각이다. 설사 합격에 실패해도 내가 하기에 따라 얼마든지 성공하고 행복해질 수 있다.

"내가 이 시험에 떨어져도, 가족이나 지인이 나에게 거는 기대나 생각은 크게 바뀌지 않을 것이다. 이 시험에 붙지 않는다고 내 인생이나 나에 대한 평가가 크게 바뀌지는 않을 것이다."

이렇게 계속 머릿속으로 되뇌어보자. 지금에 와서는 이 말이 실제로도 맞는다고 생각하지만, 설령 실제와는 다르더라도 이러한 생각을 스스로에게 세뇌하려고 노력했다. 이렇게 노력한다면 주위의 시선이나 기대에서 시작된 불안과 걱정은 크게 줄어들 것이다.

최악의 상황을
시뮬레이션하라

처음부터 강력한 멘탈을 타고난 사람은 없다. 아니, 설사 선천적으로 강한 멘탈을 가졌다 하더라도 시험을 간절히 준비할수록 불안과 걱정 때문에 '유리멘탈'이 되어버린다. 공부를 오래할수록 자신감보다 걱정이 커지고, 늦은 나이에 도전하는 사람일수록 실패에 대한 두려움이 크기 때문이다.

나만 그런 것이 아니라는 게 위로라면 위로가 될 수 있다. 누구나 불안하고 긴장하고 있다. 진짜 강한 사람은 두려움을 느끼지 못하는 사람이 아니라 두려움을 잘 다스리는 사람이다.

불안을 동기부여로 전환하라

앞서 소개했듯 마인드 컨트롤 훈련을 하기도 했지만, 또 다른 방법으로는 불안과 두려움을 동기부여로 삼는 훈련을 했다. 나는 시험에서 잘 기억나지 않거나 헷갈려 문제를 틀리는 게 무서워서 더 많이, 더 완벽하게 공부하려고 했다. 최대한 모르는 문제가 없게끔 철저하게 공부하고, 당일에 일어날 수 있는 여러 상황을 시뮬레이션해 대비했다.

만점을 받기 위한 공부량을 100퍼센트라고 가정하면 최소한 120퍼센트, 많을 때는 150퍼센트까지 넘치게 공부했다. 그렇게 해야 실전에서 평정심을 잃어 실수를 해도 수정할 시간이 있기 때문이다. 그래서 비슷한 성적대에서 경쟁하던 친구들에 비해 늘 공부량이 더 많았다. 주위 사람들로부터 강박증 같은 게 있는 것 아니냐는 걱정을 들을 정도로 책을 보고 또 보았다.

머리는 기억하지 못해도 몸이 기억한다. 이것은 공부에도 해당하는데, 그만큼 반복이 중요하다. 반복 학습을 하면 이미 손이 문제를 풀고 있다. 불안해할 시간에 한 번이라도 책을 더 보는 게 결과적으로 불안도 줄이고, 불안하더라도 평정심을 잃지 않는 길이다.

수험생에게 최악의 상황은 시험을 못 봤거나 불합격할 것

같은 순간이 아니다. 공부한 만큼 제 실력을 발휘하지 못하고, 충분히 맞힐 수 있는 문제를 맞히지 못했을 때가 가장 괴롭다.

오랫동안 성실하게 공부했고 모의고사 점수도 잘 나오지만 실전에서 내 실력을 발휘할 수 있을지 불안해질 수 있다. 그럴 때는 시험 당일 현장 상황을 시뮬레이션해보면 상당 부분 그러한 불안에서 벗어날 수 있다. 가장 좋은 시뮬레이션 기회는 앞서 설명했듯 바로 모의고사다.

발생할 수 있는 변수를 간접 체험하기

모의고사의 목적은 당연히 공부를 제대로 하고 있는지를 점검하는 것이다. 하지만 그 이상으로 중요한 부분이 바로 시험을 시뮬레이션해보는 거라고 할 수 있다. 압박감 속에서 평소처럼 실력을 발휘하는 연습을 모의고사를 통해 간접 체험해보는 것이다.

모의고사 전날, 충분히 잠을 자기 위해 10시 이전에 잠자리에 드는 연습을 해본다든지, 심한 독감에 걸려서 정상적인 컨디션이 아닌 상태에서도 문제집을 풀어보는 연습을 해보자. 공부 외적인 불상사나 응급 상황을 미리 체험해보는 것이다.

그러면 시험 당일 변수가 생기더라도 당황하지 않고 대응할 수 있는 순발력을 기를 수 있다. 평온한 마음을 유지하면서 시험 문제를 푸는 데 열중할 수 있는 멘탈과 마인드셋을 다져나가자. 나의 경우에는 모의고사를 볼 때 일부러 다양한 고사장 내의 자리에 돌아가며 앉아보기도 했다. 고사장의 제일 앞, 뒤 그리고 창가 쪽의 위치에 따라 환경이 조금씩 달라지기 때문이다. 시험 날 어떤 자리에 앉는지에 따라 어떻게 집중력을 유지할지 미리 연습하기 위함이었다.

나는 '시험 당일 최악의 신체 컨디션이면 어떡할까' 하는 걱정으로 불안에 휩싸인 적이 많다. 그래서 시험을 앞두고 안 좋은 상황을 일부러 만든 다음 모의고사를 실전처럼 풀어보았다. 긴장감에 제대로 잠을 못 잔 상태에서 시험을 볼 수 있다고 생각해서, 모의고사 전날 의도적으로 잠을 3~4시간밖에 안 잔 상태로 시험을 쳐보기도 했다.

마침 감기에 걸려서 몸이 안 좋을 때도 '몸이 좋지 않으니 모의고사를 보지 말까' 하는 생각을 잠시 하다가, 이것도 좋은 시뮬레이션 기회가 될 수 있다고 생각했다. 그래서 감기약을 먹고 학원에 가서 모의고사를 마치 실전처럼 풀어보았다. 그런 상황에서 어떤 정신 상태로 시험을 치를 수 있을지 한번 테스트해본 것이다. 또한 이런 상황에서라면 평소 내 실력의 몇 퍼센트까지 발휘할 수 있는지도 점검했다. 돌발 상황에서 문제를 푸는 연습을 반복하며 어떤 상황에서건 기복 없이 내 실력을 발휘할 수 있도록 최대한 훈련할 수 있다.

심지어 모의고사를 치면서 쉬는 시간에 뭘 해야 할지도 미리 테스트했다. 잠시 엎드려서 휴식을 취할지, 아니면 준비해둔 오답 노트를 볼지, 주위 친구들과 얘기를 하면서 긴장을 푸는 시간을 가질지, 모의고사를 칠 때마다 하나씩 해보는 것이다.

가장 어려운 문제들만 모아서 모의고사 문제집을 만들고 시험 시간의 절반 만에 풀어보는 연습도 했다. 실전에서 어려운 문제들이 여럿 나와서 당황할 수 있는 상황을 극한으로 만들어 훈련한 것이다.

어떤 변수에도 흔들리지 않는 멘탈 훈련법

물론 이러한 훈련이 바로 효과를 나타낸 것은 아니었다. 하지만 이런저런 시도를 하면서 시험에만 집중하는 연습을 해나갔고, 심적으로 훨씬 안정이 되었다. 물론 시험 당일에도 더 집중할 수 있었다.

이처럼 나에게 제일 잘 맞는 방법을 취사 선택하는 기회로 모의고사를 이용할 수 있다. 그러면 마치 시험을 두 번 보는 사람처럼 여유를 가지고 임할 수 있다. 어떤 변수가 생겨도 흔들리지 않는 강한 멘탈은 이처럼 훈련을 통해 만들어진다.

나는 흔들리는 멘탈을 잡기 위해 끊임없는 노력을 하며 버텨왔다. 무엇보다 먼저 내가 유리멘탈이라는 걸 받아들였다. 유리멘탈이라 가끔씩 멘탈이 좀 깨져도 상관없다고 마인드 컨트롤을 했고, 설령 멘탈이 깨져도 유리 조각을 하나하나 다시 모아 붙이면 된다고 스스로를 설득했다.

실제로 긴 수험 생활 동안 내 연약한 유리멘탈은 여러 번 산산조각났다. 그때마다 다시 하나하나 모아 붙이기를 반복했다. 그렇게 깨지고 붙이기를 반복하자 어느 순간부터 나의 멘탈은 깨지더라도 점점 더 빨리 붙었고, 깨지기 이전보다 더 단단해졌다.

멘탈이 깨지는 순간이 오면 억지로 피하지 말고 깨지고 또 깨지게 만들기 바란다. 자꾸 깨지다 보면 더 빨리 회복되고 더 단단해지게 될 것이다. 그러면서 어떤 시험에서도 당황하지 않고 실력을 발휘할 수 있게 된다.

몰입을 방해하는
원인을 찾아 제거하라

공부에 방해가 되는 여러 환경 요소가 있을 것이다. 이런 것들을 그대로 둔 채로 공부에 매일 집중하기란 사실 불가능에 가깝다고 할 수 있다. 나는 미세한 소음도 방해가 되어 가급적 조용한 새벽에 집에서 공부하는 것을 선호했지만, 백색소음이 있는 카페에서 공부가 잘되는 사람도 있을 것이다.

또 나는 휴대폰을 가지고 있는 게 더 편했다. 휴대폰을 가지고 있지 않으면 급한 연락이 오지는 않았는지 오히려 불안했고, 좋아하는 스포츠 시합 결과가 궁금할 때 바로 확인하지 못해 집중이 더 안되기도 했기 때문이다. 하지만 휴대폰을 자꾸 들여다보거나 연락이 오는 것이 방해가 되는 사람이 더 많을 것 같다. 이 경우에는 공부할 때 휴대폰을 얼마나 볼 것인지 정하는 것이 필요하다.

공부에 방해되는 환경 요소는 성격이나 공부 스타일에 따라 다르기 때문에 확인해서 순차적으로 제거하거나 최소화하는 것을 추천한다.

완벽한 차단이 정답은 아니다

공부를 한다고 잠수를 타는 사람도 있다. 그런데 이러한 완전한 차단은 역효과를 낼 가능성이 높다고 생각한다. 흔히 하는 말이지만 모든 건 자신한테 달렸다.

집중력이 있고 공부에 몰입하고 있다면 휴대폰이 내 손에 있든 없든, 주위에 친구들이 놀자고 연락을 하든 말든 상관이 없다. 오히려 방해 요소가 긍정적인 역할을 하는 경우도 있다.

휴대폰으로 친구들과 잠깐의 대화를 나누거나 보고 싶었던 스포츠 경기의 결과를 확인하며 휴식 시간을 보내게 되면, 정신적으로 충전이 되기도 하고 오히려 죄책감 때문에 더 집중력 있게 공부할 수 있었다. 막연히 휴대폰도 없이 세상이 어떻게 돌아가는지도 모른 채 마음 한구석으로는 다른 생각을 하면서 공부를 하는 것보다, 차라리 휴대폰을 가지고 가끔은 여유 시간을 갖는 게 나았다.

혼자 공부하는 것보다 여러 사람과 함께 공부하는 도서관 같은 환경을 선호하는 사람도 있을 것이다. 하지만 나는 도서관 특유의 분위기가 숨 막히게 느껴져 오히려 독서실이나 내 방에서 공부했었다.

이때 방 안의 TV와 컴퓨터도 방해 요인이 아니라 오히려 적절한 휴식을 취할 수 있는 수단이 되었다. 무조건 나쁜 것은 없다. 모든 것은 어떻게 사용하느냐에 달려 있는 것이고, 최대한 공부에 도움이 되게 이용하면 된다.

반대로 남들에게는 좋은 환경이 나에게는 불편할 수도 있다. 물론 방해가 되는 환경 요소들이 딱히 없을 수도 있는데, 억지로 그런 요소를 찾으려고 노력할 필요는 없다.

이제 막 공부를 시작했다면 우선 다양한 환경에서 공부해보고, 내 주변 수험 환경의 여러 요소를 냉정히 파악해보길 바란다. 그러면서 방해가 되는 요소들을 하나하나씩 순차적으로 제거해 나가자. 오래 집중해서 공부할수록 선명히 구별이 될 것이다.

열등감의 대상을
롤모델로 전환하라

내가 살면서 열등감을 가져본 적이 없을 것이라는 오해를 종종 받고는 한다. 초등학교 시절부터 계속해서 1등을 하고 소위 최고라는 고등학교, 대학교에 다녔기 때문에 안 되는 사람의 마음은 전혀 모를 것이라고 넘겨짚는 사람들이 있다.

완전히 틀린 말은 아니다. 하지만 사람들이 간과하는 사실이 있다. 나는 늘 최고의 학생들이 있는 집단에 있었기 때문에 상대적으로 나보다 공부 재능이나 집안의 지원도 더 뛰어난 친구들을 숱하게 보아왔다.

최상위권 집단에서도 등수가 나뉠 수밖에 없기 때문에 난 늘 열등감을 느끼며 타고난 재능이나 환경의 부족함을 느꼈다. 최고 중의 최고인 동기들과 같이 경쟁해봤기 때문에 오히려 내가 느꼈던 열등감이 그 어떤 열등감보다 더 크고 고통스러울 수도 있다고 감히 생각한다.

열등감을 성장 동력으로 삼다

그런 집단에서 열등감을 극복하고 자존감을 지키는 것이 처음부터 쉽지는 않았다. 특히 과학고 시절에는 태어나서 난생처음 전교 등수가 100등 밖으로 밀린 적도 있었다. 요즘 말로 소위 '현타'가 왔다. 초등학교 때부터 10년 가까이 흔들리지 않았던 나 자신에 대한 믿음이 흔들렸다. 그동안 자신 있었던 수학, 과학에서 차원이 다른 실력을 보여주는 천재들 앞에서 좌절한 적도 많았다.

그래서 학교에 적응하지 못하고 전학을 가버리는 친구들도 있었다. 열등감을 극복하지 못하고 오히려 열등감에 정복당한 나머지 실력조차 발휘하지 못하고 자존감만 해치는 상태에 이르렀기 때문이었다.

하지만 자존감이 바닥에 떨어진 채로 나를 버려두고 싶지는 않았다. 오히려 열등감을 성장 원동력으로 삼으려고 노력했다.

'지금이 아니면, 내가 언제 저렇게 수학, 과학 등 여러 분야에서 타고난 친구들과 같이 교류하며, 그들이 어떻게 공부하는지 바로 옆에서 지켜볼 수 있겠어? 이것만으로도 소중한 경험이 될 것이고, 나에게 도움이 되는 부분이 있다면 적용해서 내 성장의 자양분으로 삼아보자.'

동기와의 실력 차이가 엄청날수록 좌절에 빠지는 것이 아니라 오히려 기분 좋고 흥분되는 상황이라고 스스로를 마인드 컨트롤 했다. 열등감을 느낄때마다 나에게 모자란 점이 무엇인지, 나와는 어떠한 차이가 있는지를 끊임없이 생각하고 연구했다. 심지어 자존심을 다 굽히고 친구들에게 다가가 평소 어떻게 공부하는지 물어보기도 했다. 그런 과정을 거치면서 조금씩이지만 그들과의 거리가 줄어들고 있음을, 그리고 놀랄 정도로 실력이 성장하고 있음을 확인할 수 있었다.

열등감을 오히려 내 편으로 만든 덕분에 처음에는 마냥 부럽고 질투 나던 친구들에게 약간의 고마움까지 느껴졌다. 그들이 아니었으면 내가 제일 뛰어나다는 자만에 빠져 우물 안 개구리가 되었을지도 모른다. 그들 덕분에 나는 미처 몰랐던 또 다른 벽을 뛰어넘고 한 단계 더 성장할 수 있었다.

질투하고 시기할 시간에 배울 점을 찾아라

여러분을 절망하게 만드는 경쟁 상대가 있을 것이다. 공부 재능이 뛰어날 수도 있고, 타고난 환경이 더 좋을 수도 있다. 그럴 때 여러분이 택할 수 있는 건 두 가지다. 부족한 재능이나 환경을 원망하며 그 자리에서 멈출 것인가, 아니면 절망을 성장의 원동력으로 삼을 것인가. 선택은 여러분의 몫이다.

분명한 것은 한탄하고 부러워하는 것만으로는 여러분의 인생에서 한 발자국도 전진할 수 없다는 사실이다. 시험은 경쟁일지 몰라도 인생은 경쟁이 아니다. 다른 사람이 성장한다고 해서 당신은 성장하지 못하는 게 아니다. 우리는 모두 성장할 수 있고, 그것으로 인해 더 풍요로운 삶을 살 수 있다.

그러니 당신보다 뛰어난 사람들을 롤모델로 삼고 시기와 질투와 원망을 할 시간에 오히려 그들에게 도움을 청하고 배워라. 그렇게 해서 성장할 수 있다면 경쟁에서 이기고 지는 것은 더 이상 중요하지 않다.

최선을 다했지만 재능이나 환경이 부족해서 좋은 결과를 얻지 못했다면 적어도 주위의 위로는 받을 수 있을 것이다. 하지만 노력조차 해보지 않고 '어차피 나는 안 될 거야'라는 마음으로 주변 탓만 한다면, 이해하고 위로해줄 사람은 세상 어디에도 없다.

어떤 일에 시작할 때 자신감과 확신을 가지고 나서는 사람은 극소수에 불과하다는 사실을 알게 됐다. 객관적으로 봤을 때 재능이나 환경이 받쳐주는 사람들조차 무언가에 도전할 때는 다들 저마다의 불안과 걱정을 가지고 시작했다.

하지만 불안감을 이겨내려고 노력하면서 자기 자신을 믿고, 할 수 있는 데까지 최선을 다하자는 마음에서 대부분의 성공이 이뤄진다는 것을 명심해야 한다.

슬럼프는 극복하는 게 아니라
받아들이는 것

"공부를 할 때 슬럼프를 어떻게 극복하나요?"

공부 관련 질문에서 이 물음은 거의 빠지지 않는다. 아마도 대부분의 수험생에게 가장 공부 의욕이 꺾이는 순간은 열심히 하는데도 성적이 오르지 않을 때일 것이다. '지난 수개월간 열심히 공부했는데 왜 모의고사 성적은 제자리일까?', '나의 한계는 여기까지인 걸까' 하고 자괴감에 빠지는 경우가 많다.

일이든 공부든 언젠가는 정체기가 올 수밖에 없다. 아무리 공부를 열심히 해도, 성적이 기대만큼 오르지 않거나 공부를 시작할 때 가졌던 열의가 사라져서 공부하는 것이 너무 힘들고 효율도 나지 않는 시기는 반드시 찾아온다.

보통은 이 시기를 빠르게 극복하고 벗어나야 한다고 생각하고 조급해한다. 하지만 그럴수록 오히려 슬럼프는 길어지곤 한다. 조급해할수록 오히려 슬럼프가 길어지는 악순환을 나 역시 온몸으로 겪었다.

슬럼프가 왔다는 건 열심히 했다는 증거다

내가 내린 결론은 억지로 극복하려고 발버둥 치기보다는 슬럼프를 있는 그대로 받아들이는 편이 더 도움이 된다는 것이다. 슬럼프는 극복하는 것이 아니라 받아들이는 것이다.

상위권으로 올라갈수록 슬럼프는 피할 수 없는 통과의례라는 것이 내 생각이다. 특히 수학이나 영어처럼 오랜 시간 기초학습이 필요한 경우, 성적은 들인 시간에 비례해서 계속 조금씩 오르는 게 아니라 계단식으로 올라간다. 똑같이 공부해도 초기에는 한 달에 10점이 올랐다면, 그 후에는 3개월이 걸려도 10점은커녕 5점도 오르지 않는 시간이 올 수밖에 없다.

이런 슬럼프 시기에 좌절하거나 공부 의욕이 꺾인다면 그동안 성실히 해온 노력들마저 물거품이 된다. 그것이야말로 수험 생활을 망치는 가장 큰 실수다. 슬럼프가 무조건 나쁜 것이라고 생각하지 말자. 슬럼프가 왔다는 것은 오히려 그동안 공부를 성실히 해서 실력이 어느 정도 쌓여 있다는 방증이다.

그러니 공부 슬럼프가 온 것 같다면 절대 좌절하거나 조급함을 느끼지 말고, 슬럼프가 왔다는 그 사실을 오히려 기뻐하면서 그동안 해왔던 대로 성실하게 해나가는 것이 좋다.

성적은 계단식으로 오른다

수험생들이 하는 가장 큰 착각은 성적이 시간이나 노력에 정비례할 거라는 생각이다. 경험에 따르면 성적은 절대 시간과 노력에 비례해서 오르지 않는다. 수학적으로 말하자면, 시간 및 노력과 성적의 관계는 일차함수의 우상향 직선이 아니다.

오히려 일정 시간의 공부량이 쌓여야 비로소 생물에 나오는 '역치 함수'처럼 계단식으로 상승한다. 즉, 공부량을 일정량 이상 채워야만 눈에 띄는 성적 상승이 일어날 수 있다.

특히 초기에 기대 점수가 낮을 때는 생각보다 빨리 성적이 오르지만, 어느 정도 성적이 나오고 더 높은 성적을 목표로 하

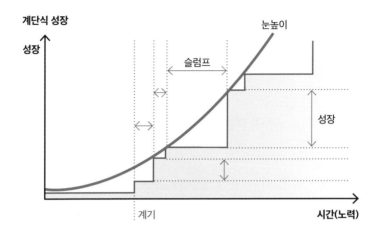

성적 그래프 곡선

는 단계에서는 더 많은 시간과 노력을 들여야 한다. 0점에서 10점으로 갈 때 걸리는 공부 시간이 10시간이라면, 60점에서 70점으로 갈 때 걸리는 시간은 20시간 또는 그 이상이 걸릴 수도 있다.

이 사실을 인지하고 있으면 성적이 이전처럼 오르지 않아서 생기는 조바심이나 좌절감을 피할 수 있을 것이다. 그래프처럼 가시적인 성적 향상이 눈에 보이지 않을 뿐, 진짜 실력이 늘지 않는 것은 아니기 때문이다.

성적이 바로바로 오르고, 공부한 내용을 금방 기억하는 수험 생활 초반부보다, 생각보다 성적이 오르지 않고 효율이 떨어지는 수험 생활 중·후반부를 어떻게 잘 넘기느냐가 바로 수험 생활의 성패를 가른다.

슬럼프는 반드시 지나간다

슬럼프 시기에 있어서 가장 중요한 것은 눈에 보이는 점수 그 자체보다 최선을 다하는 자세다. 하루하루 성실하게 공부하는 노력의 시간은 매순간 여러분을 성장시키고 있다. 심지어 합격으로 연결되지 않더라도 한 단계 성장시켜주고, 앞으로 펼쳐질 인생의 고비마다 여러분을 지탱해줄 것이다.

성공적인 수험 생활을 보내고 좋은 결과를 얻기 위해 마땅히 지나가야 하는 통과의례로 생각하는 것이 슬럼프에 대처하는 현명한 자세다.

이 자세는 비단 수험 생활뿐 아니라 인생에도 적용된다. 인생을 살다 보면 시기나 정도의 차이는 있을지언정 아무리 노력해도 해결되지 않고 계속해서 극복하기 힘든 고난이 닥쳐오는 시기가 누구에게나 찾아온다.

그러면 대부분의 사람들은 '내 인생은 왜 이렇게 꼬일까? 다

포기하고 싶다. 어서 이 시기가 지나갔으면 좋겠다' 같은 생각을 하는 경우가 많다. 하지만 이런 생각에 매몰되지 말고 고난의 시기를 겸허하게 받아들이는 자세가 필요하다. 고난은 극복하는 것이 아니라 받아들이는 것이라는 생각을 할 필요가 있다.

그런 시기를 억지로 피하려고 하거나 조급하게 이기려고 하지 마라. 슬럼프가 나와 내 인생을 한층 더 성장시키고 풍요롭게 만들어줄 것이라는 믿음을 가지고 담담히 걸어가자.

쉴 때 쉬어야
공부 효율이 오른다

유튜브나 이메일을 통해 본인이 고3이나 혹은 공무원 시험을 준비하는 수험생인데, 하루에 몇 시간을 자고, 몇 시간을 공부하는 것이 좋을지를 물어보는 사람이 많다. 그럴 때마다 내가 늘 하는 얘기가 있다.

"공부 시간보다는 효율이 중요하고, 효율을 높이기 위해서는 최소한의 수면 시간과 휴식은 꼭 필요합니다."

'사당오락'이라는 말이 있다. '4시간을 자면 시험에 합격하고, 5시간을 자면 시험에 떨어진다'는 의미로 수면 시간을 줄이고 휴식 시간을 줄여서라도, 최대한 많이 공부해야 합격할 수 있다는 것이다. 나도 10대 시절에는 무조건 오래 공부하면 좋은 줄 알았다. 그래서 한때는 수면 시간을 3~4시간까지 줄여본 적도 있다.

그러나 수험 생활을 거치며 깨달은 사실은 최소한의 수면 시간은 확보해야 다음 날 공부를 충실히 효과적으로 할 수 있고 그 전날 공부한 내용도 더 기억이 잘 난다는 사실이었다.

적정 수면 시간은 사람에 따라 차이가 있다. 하루에 5~6시간만 자도 신체의 기능을 회복하는데 충분한 사람이 있는가 하면, 적어도 7~8시간 자야 하는 사람도 있다. 이것은 각자 수면 시간을 조절해보며 파악해보길 바란다.

나의 경우 적합한 수면 시간은 6~7시간이었다. 과학고에 입학한 후부터 나는 적어도 6시간 이상은 자려고 노력했다. 시험 기간에도 차라리 미리미리 공부를 해둬서 최소한 5시간 이상은 수면 시간을 확보했다. 의대, 치대 시절에는 대부분의 학생이 시험 전날에 밤을 새서 외우고 또 외우고 하는 일이 예사였다. 그러나 나는 아무리 외울 양이 많아도 최소한 3~4시간은 수면을 취했다. 그래야 시험을 치는 순간 기억력이 최대한의 능력을 발휘할 수 있었기 때문이다.

장기 기억력을 끌어올리는 뇌 만들기

뇌의 기억력 메커니즘을 보면 단기 기억이 장기 기억으로 전환되기 위해서는 적당량의 수면과 휴식이 필수적이다. 이는 수많은 의사에 의해 뇌과학적으로도 증명된 사실이다. 장기간의 수험 생활을 통해 방대한 내용을 장기 기억으로 저상해야 하는 대부분의 시험에서는 수면과 휴식 시간까지 줄여가면서 무작정 공부 시간을 늘리는 방법은 비효율적이다.

만약에 일주일간 준비해서 단 하루 시험을 보는 상황이라면, 그 전날 밤을 꼴딱 새워도 괜찮을 것이다. 시험까지만 최대한 많은 내용을 머릿속에 집어넣고 있다가 끝나는 순간 바로 잊어버려도 상관이 없기 때문이다.

하지만 대부분의 시험은 방대한 양을 긴 시간 공부해서 단 하루나 이틀로 결과를 보여줘야 한다. 그렇기 때문에 몇 시간만 기억했다가 잊어버려도 되는 단기 기억력보다는 장기 기억력이 중요하다. 장기 기억력을 최대한으로 끌어 올리고, 긴 수험 생활에서 흐트러지지 않기 위해서는 적절한 휴식과 최소한의 수면 시간이 꼭 필요하다.

공부 시간의 절대량에 집착하지 마라

공부 시간의 절대량은 중요하지 않다. 단 1시간을 공부해도 집중해서 효율적으로 공부를 한다면 10시간을 공부했을 때보다 더 좋은 성적을 낼 수 있다. 물론 공부를 막 시작할 무렵에는 경험이나 노하우가 축적되어있지 않기 때문에 절대적인 시간을 많이 가져가는 것이 좋다. 이 시기에는 적어도 하루에 10시간 이상 앉아서 공부하는 습관을 들이는 것을 추천한다.

하지만 3개월 이상 공부했다면 그때부터는 절대량에 집착하지 않는 것이 좋다. 하루 해야 할 공부량을 정하고 공부량을 달성하고 나면, 나머지 시간에는 부족한 수면을 보충하든 취미생활을 하든 충분한 휴식 시간을 보내라. 이렇게 하는 편이 결과적으로 도움이 된다.

하루에 무조건 10시간 이상 공부하겠다고 자신을 몰아붙여봤자 장기 레이스에서 버텨내기 힘들다. 시간에만 집착해서 단순히 시간 때우기식 공부를 할 가능성이 커지기 때문이다. 오히려 딱 3시간만 집중해서 공부하고, 그 이후에는 휴식을 가지자고 생각하길 바란다.

자신만의 공부법이 정립된 시기일수록 집중력이 훨씬 더 중요한 영향을 미치게 된다. 따라서 초기에는 공부 습관을 기르고 자신에게 맞는 공부법을 찾기 위해 최대한 길게 공부하되, 습관이 잡히고 공부법을 정립한 뒤에는 공부 시간 자체에 집착하지 마라.

5년 이상 같은 시험을 공부한 장수생보다 1~2년 집중력 있게 효과적으로 공부한 수험생이 실전에서 높은 성적을 거두고 합격할 가능성이 높다는 것을 나의 사례뿐 아니라 수많은 지인들을 통해 알게 되었다. 남들보다 늦게 수험 생활을 시작했더라도 높은 집중력으로 효율적으로 공부해서 단기간에 시험에 합격할 수 있기를 바란다.

3배속 공부법

초판 1쇄 발행 2024년 1월 22일
초판 4쇄 발행 2024년 2월 20일

지은이 서준석
펴낸이 이경희

펴낸곳 빅피시
출판등록 2021년 4월 6일 제2021-000115호
주소 서울시 마포구 월드컵북로 402, KGIT 19층 1906호

ⓒ 서준석, 2024
ISBN 979-11-93128-73-2 03190